MÉDITATIONS QUOTIDIENNES

du pape

FRANÇOIS

Les textes qui suivent ont été publiés chaque jour par *l'Osservatore Romano* qui nous en a gracieusement autorisé la publication

18, rue Barbès, 92128 Montrouge Cedex
ISBN : 928-2-227-48733-8

MÉDITATIONS QUOTIDIENNES

du pape

FRANÇOIS

Homélies du matin
à la Chapelle de la Maison Sainte-Marthe

Préface de Mgr Bernard Podvin,
porte-parole des évêques de France

bayard

Préface

C'est peu dire que le Pape François rayonne ! Bien au-delà de la sphère des pratiquants. « Notre Pape est proche de nous », se réjouissent les gens. Notez qu'ils ne disent pas « votre Pape ». Mais si cette « aura » n'était qu'affective, elle ne dépasserait guère un état de grâce. Allons donc au-delà de ces commentaires, aussi sympathiques soient-ils.

Comme Benoît XVI, François est habité d'une humilité lumineuse. Elle lui vient du dedans. Il reçoit son être et sa mission de plus grand que lui. Bouleversante année 2013 : nos Papes successifs ont confié leurs limites humaines à la puissance infinie de l'amour. Tandis que Benoît XVI nous offrit l'exégèse mystique du Jésus de Nazareth, le Pape François nous convie chaque matin à un exercice spirituel.

Ami lecteur, te voici hôte de l'eucharistie célébrée à la Maison Sainte-Marthe. Laisse-toi faire par ce prédicateur venu du Sud. Il t'accompagne dans tes joies et tes épreuves, évangile à la main ! « Vivante est la Parole ! » te dit l'évêque de Rome. « Énergique, plus tranchante qu'aucun glaive à double tranchant ! » t'avertit ce disciple d'Ignace de Loyola. « Elle passe au crible les mouvements et les pensées du cœur. Il n'est pas de créature qui échappe à sa vue. Tout est subjugué par son regard. C'est à elle que nous devons rendre compte ! » t'annonce l'ami des pauvres de Buenos Aires.

Accomplis à ton tour cette *lectio* du successeur de Pierre. Sa vigueur vient convertir tes pensées et tes actes. Çà et là, telle formule du Saint-Père te sera familière tant elle fut médiatisée, comme par exemple : « L'Église n'est pas une ONG mais une histoire d'amour ». Ce n'est pas un slogan. C'est le cri d'un prophète. Replace cet aphorisme dans le contexte de la prédication du jour. Tu t'émerveilleras alors, non seulement de ce que le Pape soit doué pour le mot juste, mais surtout de son désir d'ajuster ton cœur au don de Jésus.

Tu comprendras que la pédagogie biblique de l'ancien Cardinal Bergoglio contenue en ces pages n'est pas de tout repos. Il s'agit ni plus ni moins de choisir le Christ ! « Jésus n'est-il qu'une patine, ou pénètre-t-il tout ton être ? » interroge inlassablement son vicaire depuis son humble chapelle communautaire, relayé par le continent numérique.

Qui que tu sois, ce livre est pour toi. Dépouillé de fioritures, chaque commentaire recèle d'autant plus la capacité de rejoindre chacun dans la vérité de son être. Ami de la personne humaine, au nom de Jésus, le Pape n'a de cesse que ta vie stressée et morcelée soit patiemment unifiée par un amour qui ne passera jamais. Pétri d'oraison et de charité, le Pape te demande : « Veux-tu connaître Jésus, de cœur, d'esprit et d'action ? »

Lecteur de ces homélies, te voici mystérieusement dans « une intimité universelle ». Mais tu n'ignores pas qu'à Copacabana, il annonça la Bonne Nouvelle à des millions de jeunes. Tu sais qu'à Lampedusa, il interpella l'humanité sur la mondialisation de l'indifférence. C'est le même homme de Dieu et grand serviteur d'humanité qui rompt ici pour toi la parole, en la discrétion féconde de ces rendez-vous. Retire-toi dans le secret de ta chambre. Laisse le Maître et Seigneur faire son œuvre en toi par le charisme de François. Consens à devenir l'homme nouveau en qui peuvent advenir une justice et une paix à partager avec tes frères. Ne surfe pas sur ces homélies. Prends-les dans leur vive exigence. Fais ce que François te dit de faire. « Embrasse littéralement les plaies de Jésus. »

Que cette *lectio* n'atteigne pas seulement une part de ton être, mais qu'elle le vivifie tout entier. Cesse d'être lecteur indolent. Sois saisi par l'aujourd'hui du Verbe. « Le Cardinal Bergoglio est ce qu'il proclame », disent ses proches argentins. Est-il plus bel éloge qu'on puisse faire d'un pasteur ?

Veux-tu, comme lui, devenir qui tu es pour le Christ ? Ces commentaires de l'Écriture t'aideront à grandir en cohérence et en liberté dans la joie de croire. Progressivement, ton être communiera à l'invocation du Pape : « Élargis, Seigneur, notre cœur. Rends-nous humbles, doux et magnanimes. Car nous avons tout en Toi ! »

Mgr Bernard Podvin
Porte-parole des évêques de France

Vendredi 22 mars 2013

Lorsque notre cœur est de pierre

Lorsque notre cœur est de pierre, il arrive que nous prenions de véritables pierres en main et que nous lapidions Jésus Christ dans les personnes de nos frères, en particulier des plus faibles. C'est ce qu'a dit le pape François, en commentant les lectures du jour au cours de la messe célébrée tôt dans la matinée du vendredi 22 mars.

Une célébration simple, à laquelle le Pontife a invité les employés des services de jardinage et de nettoiement du gouvernorat de l'État de la Cité du Vatican, en leur offrant une brève homélie improvisée, centrée en particulier sur le passage de l'Évangile de Jean qui rapporte l'épisode des juifs qui voulaient lapider Jésus.

Étaient présentes des religieuses de trois communautés religieuses féminines prêtant service dans la Cité du Vatican : les filles de la charité de Saint-Vincent-de-Paul, du dispensaire pédiatrique Sainte-Marthe ; les Filles des Sacrés-Cœurs de Jésus et Marie — Institut Ravasco, de la Maison Saint-Benoît pour nonces à la retraite ; et les sœurs de la présentation de la Bienheureuse Vierge au Temple (de Cracovie).

Samedi 23 mars 2013

Jésus est mort pour moi

Samedi 23 mars, le pape François a invité à la célébration de la messe du matin certains corps de métiers de la Cité du Vatican.

Dans son homélie, le Saint-Père a proposé une brève réflexion sur les lectures liturgiques du jour, et en particulier sur le passage de l'Évangile de Jean (11,45-56), où l'on peut lire les paroles du grand prêtre Caïphe aux chefs des prêtres et aux pharisiens réunis devant le sanhédrin et le commentaire de l'évangéliste : « Jésus allait mourir pour la nation et non pas pour la nation seulement, mais encore afin de rassembler dans l'unité les enfants de Dieu dispersés. Jésus est mort pour son peuple et il est mort pour tous.

Mais cela ne doit pas être entendu dans le sens de la globalité : cela signifie que Jésus est mort pour chaque homme individuellement. Chaque chrétien doit donc dire : « Jésus est mort pour moi. »

Lundi 25 mars 2013

La patience de Dieu

C'est la patience de Dieu qui a été au cœur de l'homélie du pape François au cours de la messe qu'il a concélébrée dans la matinée du lundi 25 mars. En commentant brièvement les lectures liturgiques, le Pape a dit que dans la description du serviteur souffrant dans le livre du prophète Isaïe figure « l'icône de Jésus », de sa douceur et de sa patience. « Cette patience de Dieu est un mystère et on le note dans l'attitude de Jésus lui-même à l'égard de Judas, a-t-il ajouté en se référant au récit de l'onction de Béthanie selon l'Évangile de Jean (12,1-11). Dieu est patient comme le père de l'enfant prodigue qui attendait tous les jours son retour. Et si nous pensons à cela en l'appliquant à chacun de nous, s'élèvera de notre cœur une seule parole : merci. »

Mercredi 27 mars 2013

Mal parler de quelqu'un équivaut à le vendre

Mal parler de quelqu'un équivaut à le vendre. Comme le fit Judas, qui vendit Jésus pour trente deniers. Et c'est justement en s'inspirant du passage de l'Évangile de Matthieu qui préannonce la trahison de Judas Iscariote, dans la brève homélie de la messe célébrée dans la matinée du mercredi 27 mars, que le pape François a mis en garde contre les commérages. Avec une invitation explicite : « Ne jamais parler mal d'autres personnes. »

Le Pape a voulu offrir une réflexion sur le geste accompli par Judas, un des amis de Jésus, qui n'hésite pas à le vendre aux chefs des prêtres. « Jésus est comme une marchandise : il est vendu. Il est vendu à ce moment-là, a-t-il souligné, mais encore bien d'autres fois sur le marché de l'histoire, sur le marché de la vie, sur le marché de notre vie. Lorsque nous faisons un choix pour les trente deniers, nous laissons Jésus de côté.

Lorsque l'on va chez une connaissance et que la discussion devient commérage, ragot, c'est une vente, et la personne au centre de notre bavardage devient une marchandise. Je ne sais pas pourquoi, mais il y a une joie obscure dans le bavardage. On commence par des paroles de bien, mais vient ensuite le commérage. Et commence alors cet "écorchage" de l'autre. Et c'est alors que nous devrions penser que chaque fois que nous nous comportons ainsi, nous faisons la même chose que ce qu'a fait Judas, à savoir que lorsqu'il se rendit auprès des chefs des prêtres pour vendre Jésus, il avait le cœur fermé, il n'avait aucune compréhension, il n'avait pas d'amour, il n'avait pas d'amitié. » Et ainsi, le pape François est revenu sur l'un des thèmes qui lui est le plus cher, celui du pardon : « Pensons et demandons pardon, parce que ce que nous faisons à l'autre, à l'ami, nous le faisons à Jésus. Parce que Jésus est dans cet ami. Et si nous nous rendons compte que notre parole peut faire du mal à quelqu'un, prions le Seigneur, parlons avec le Seigneur de cela, pour le bien de l'autre : Seigneur aide-le. »

Mardi 2 avril 2013

La grâce des larmes

Lors de la messe du mardi 2 avril, c'est une grâce spéciale que le pape François a invité à demander : la grâce des larmes. « Parce que ce sont précisément les larmes qui nous préparent à voir Jésus ». En commentant l'épisode de l'Évangile dans lequel Jean rapporte la phrase prononcée par Marie de Magdala : « J'ai vu le Seigneur ! » après lui avoir lavé les pieds avec ses larmes et les avoir essuyés avec ses cheveux (*cf. Jn* 20,11-18), le pape François a rappelé que Jésus a pardonné les nombreux péchés de cette femme, parce qu'« elle a tant aimé ». Il a ensuite évoqué le témoignage offert par la femme « méprisée par tous ceux qui se considéraient justes » au moment où elle doit affronter l'échec de toutes ses espérances. « Son amour, a-t-il dit, a disparu et elle pleure. C'est le moment de l'obscurité. Et pourtant, elle ne dit pas : “j’ai échoué”. C’est étrange, non ? Elle pleure simplement. Voyez-vous, parfois, dans notre vie, les lunettes pour voir Jésus sont les larmes. Il y a un moment dans notre vie où seules les larmes nous préparent à voir Jésus. Et quel est le message de cette femme ? “J’ai vu le Seigneur”. C’est un exemple pour le chemin de notre vie. Nous tous avons, dans notre vie, traversé des moments de joie, des douleurs, des tristesses, nous sommes tous passés par ces choses. Mais, et je pose cette question, avons-nous pleuré ? Dans les moments les plus sombres, avons-nous pleuré ? Avons-nous eu ce don des larmes qui préparent les yeux à voir le Seigneur ? En voyant cette femme qui pleure, nous pouvons nous aussi demander au Seigneur la grâce des larmes. C’est une belle grâce. Pleurer est le fruit de tout : du bien, de nos péchés, des grâces, de la joie pure ; pleurer de joie ! Cette joie que nous avons demandée d’avoir au ciel et dont nous avons à présent un avant-goût. Pleurer. Les pleurs nous préparent à voir Jésus. »

Mercredi 3 avril 2013

Les lamentations font du mal à notre cœur

Au cours de la messe du 3 avril, François a rappelé que les lamentations font du mal à notre cœur. Elles sont néfastes ; et non seulement celles contre les autres, « mais également celles contre nous-mêmes, lorsque tout nous semble amer ». Avec ces considérations sur la vie quotidienne, le Pape a actualisé l'épisode des disciples d'Emmaüs, rapporté par l'évangéliste Luc (24,13-35), en s'arrêtant sur l'égarement des disciples après la mort du maître au point qu'ils pensèrent qu'il serait bon de quitter la ville. « Mais, les pauvres, ils parlaient toujours de cela non ? Et ils se lamentaient. Ces discours ne faisaient que les faire se replier sur eux-mêmes. Et dans leur cœur, ils pensaient : Nous avons eu tant d'espérance, mais tout a échoué. Et dans cette situation, ils cuisinaient leur vie dans le jus de leurs lamentations, et ils allaient de l'avant ainsi. Je pense aux nombreuses fois où nous aussi, lorsque nous rencontrons des difficultés, notamment lorsque la Croix se présente à nous, nous courons ce risque de nous enfermer dans nos lamentations. Et pourtant, dans ce moment aussi, le Seigneur est proche de nous, mais nous ne le reconnaissons pas. Il marche avec nous. Mais nous ne le reconnaissons pas. Il nous parle également, mais nous ne l'entendons pas. La lamentation est pour nous comme une sécurité : voilà ma vérité, c'est l'échec. Il n'y a plus d'espoir. Et c'est avec ces pensées que les disciples eux aussi continuaient de marcher. Et que faisait Jésus ? Il eut de la patience pour eux. D'abord il les écoute, puis il leur explique lentement. Et, à la fin, il se montre à eux. Jésus fait la même chose avec nous. Même dans les moments les plus obscurs, il est toujours avec nous, il marche avec nous. Et à la fin, il nous fait sentir sa présence. »

Jeudi 4 avril 2013

La paix ne s'achète pas et ne se vend pas

Dans l'homélie de la messe du 4 avril, François nous rappelle que la paix ne s'achète pas et ne se vend pas : c'est un don de Dieu. Et nous devons l'invoquer. L'occasion a été le commentaire du passage évangélique de Luc (24,35-48). « Les disciples qui ont été témoins de la guérison de l'infirme et qui voient à présent Jésus, a dit le Pape, sont un peu troublés, mais pas à cause d'une maladie mentale, ils sont troublés par l'émerveillement. Mais qu'est-ce que cet émerveillement ? C'est quelque chose qui fait que nous sommes un peu troublés, en raison de la joie : elle est grande, très grande. Ce n'est pas un simple enthousiasme : même les supporters du stade sont enthousiastes lorsque leur équipe gagne, non ? Non, ce n'est pas de l'enthousiasme, c'est une chose plus profonde : c'est l'émerveillement qui vient lorsque nous rencontrons Jésus. Cet émerveillement, est le début de l'état habituel du chrétien. En effet, l'état du chrétien doit être le réconfort spirituel, en dépit des problèmes, des douleurs, des maladies. Le dernier degré du réconfort est la paix : on commence par l'émerveillement, et le ton mineur de cet émerveillement, de ce réconfort est la paix. Le chrétien, même dans les épreuves les plus douloureuses, ne perd jamais la paix et la présence de Jésus et avec un peu de courage, nous pouvons le dire au Seigneur : “Seigneur, donne-moi cette grâce qui est l'empreinte de la rencontre avec toi : le réconfort spirituel”. »

Vendredi 5 avril 2013

Le nom de Jésus est notre seul salut

La réflexion proposée dans la matinée du 5 avril, portait sur le nom de Jésus qui est notre seul salut. Lui seul peut nous sauver. Personne d'autre. Encore moins les « magiciens » modernes avec les improbables prophéties des tarots qui séduisent et trompent l'homme moderne. Le Pape a pris comme point de départ la première lecture, tirée des Actes des Apôtres (4,1-12), pour réfléchir à la valeur et à la signification du nom de Jésus. Le passage propose l'épisode de Pierre et Jean qui, arrêtés parce qu'ils prêchaient au peuple la résurrection du Christ, furent conduits devant le Sanhédrin. À la question de savoir pourquoi ils avaient guéri l'infirme à la Porte du Temple, Pierre répondit : « Nous l'avons fait au nom de Jésus Christ ». Le pape François a expliqué : « Pierre révèle une vérité lorsqu'il dit : "Nous l'avons fait au nom de Jésus", car il répond en étant inspiré par l'Esprit saint. En effet, nous ne pouvons pas confesser Jésus, nous ne pouvons pas parler de Jésus, nous ne pouvons par dire quelque chose de Jésus sans l'Esprit saint. C'est précisément l'Esprit saint qui nous pousse à confesser Jésus ou à parler de Jésus ou à avoir confiance en Jésus. Et c'est précisément Jésus qui est proche de nous sur le chemin de notre vie, toujours. » Le Pape a ensuite raconté l'une de ses expériences personnelles, liées au souvenir d'un homme, père de huit enfants, qui travaille depuis trente ans à la curie archiépiscopale de Buenos Aires. « Avant de sortir, avant d'aller faire quoi que ce soit, a-t-il dit, il chuchotait toujours tout bas : "Jésus !". Un jour, je lui ai demandé : "Mais pourquoi dis-tu toujours Jésus ?". "Lorsque je dis 'Jésus', m'a répondu cet homme humble, je me sens fort, je sens que je peux travailler, car je sais qu'il est à mes côtés, qu'il veille sur moi". Pourtant, cet homme n'a pas étudié la théologie : il n'a que la grâce du baptême et la force de l'Esprit. Et son témoignage m'a fait beaucoup de bien. Le nom de Jésus. Il n'y a pas d'autre nom. Peut-être que cela nous fera du bien à nous tous, qui vivons dans un monde qui nous offre tant de "sauveurs". Parfois, lorsqu'il y a des problèmes, les hommes ne s'en remettent pas à Jésus, mais à d'autres réalités, en ayant recours parfois à de soi-disant magiciens parce qu'ils résolvent les situations, ou bien ils consultent les tarots pour savoir et comprendre quoi faire. Mais ce n'est pas en ayant recours à des magiciens ou aux tarots que l'on trouve le salut : celui-ci réside dans le nom de Jésus. Et nous devons témoigner de cela ! Il est l'unique sauveur. »

Samedi 6 avril 2013

Le courage de témoigner de notre foi

Lors de la messe du 6 avril, François a centré son homélie sur le courage de témoigner de notre foi. « Pour trouver les martyrs il n'est pas nécessaire d'aller aux catacombes ou au Colisée : les martyrs sont vivants aujourd'hui dans de nombreux pays. Les chrétiens sont persécutés pour leur foi. Dans certains pays, ils ne peuvent pas porter de croix : ils sont punis s'ils le font. Aujourd'hui au XXIe siècle, notre Église est une Église de martyrs ». Il a proposé une réflexion sur la foi : « Une grâce » et « un don du Seigneur » que l'on ne doit pas taire — et qui s'étend ainsi « à tous les peuples parce que nous ne sommes pas attachés à une fantaisie mais à une réalité que nous avons vue et entendue ». Le Pontife a fait référence au passage des Actes des Apôtres (4,13-21) : face à l'ordre des grands prêtres et des pharisiens de ne pas parler de Jésus, Pierre et Jean, « sont demeurés fermes dans leur foi », disant : « Nous ne pouvons pas taire ce que nous avons vu et entendu ». « Leur témoignage, a-t-il dit, me fait penser à notre foi. Et comment se porte-t-elle notre foi ? Est-elle forte ? Ou est-elle parfois un peu à l'eau de rose, une foi comme ci, comme ça ? Quand surviennent des difficultés, sommes-nous courageux comme Pierre ou un peu tièdes ?. Pierre nous enseigne que la foi ne se négocie pas. Dans l'histoire du peuple de Dieu a toujours existé cette tentation : amputer un peu de foi, peut-être seulement un peu. Mais la foi est ainsi, comme nous la récitons dans le *Credo*. Ainsi faut-il dépasser la tentation de faire un peu "comme ils font tous". De ne pas être trop trop rigides, parce que c'est précisément de là que commence un chemin qui finit dans l'apostasie. En effet, lorsque nous commençons à amputer la foi, ou négocier la foi, à aller presque jusqu'à la vendre au meilleur offrant, nous empruntons le chemin de l'apostasie, de l'absence de fidélité au Seigneur. » Le Pape a conclu en proposant une prière quotidienne : « Seigneur, merci beaucoup pour notre foi. Veille sur ma foi, fais-la grandir. Que ma foi soit forte, courageuse. Et aide-moi dans les moments où comme Pierre et Jean, je dois la rendre publique. Donne-moi le courage. »

Lundi 8 avril 2013

L'humilité comme règle d'or

Lundi 8 avril, c'est l'humilité en tant que « règle d'or » qui était au cœur de l'homélie du Pape : pour le chrétien « progresser » signifie « s'abaisser ». Et c'est précisément sur la voie de l'humilité, choisie par Dieu lui-même, que passent l'amour et la charité. « Toute l'histoire de la foi, a dit le Pape, est faite d'humilité et nous parle à tous d'humilité. Il en est ainsi également pour le fait historique de la naissance de Jésus. Il semble que Dieu ait voulu que chaque événement se fasse en cachette, qu'il ne soit pas rendu public, qu'il soit comme couvert par l'ombre de l'Esprit saint. Voilà pourquoi tout se fait sur la voie de l'humilité. Dieu, humble, s'abaisse : il vient à nous et s'abaisse. Et il continuera à s'abaisser jusqu'à la croix. Au moment de l'annonciation, Marie aussi s'abaisse : elle ne comprend pas bien, mais elle est libre : elle comprend seulement l'essentiel. Et elle dit oui. Elle est humble : "Que soit faite la volonté de Dieu". Elle laisse son âme à la volonté de Dieu. Et Joseph, son fiancé — ils n'étaient pas encore mariés — s'abaisse lui aussi et se charge lui-même de cette responsabilité si grande. Le style de Marie et de Joseph montre précisément que tout l'amour de Dieu, pour arriver à nous, prend la voie de l'humilité. Dieu humble qui a voulu marcher avec son peuple. L'humilité est celle de Dieu qui nous enseigne, celle de Marie, celle de Joseph. Et l'humilité est celle de Jésus, qui finit sur la croix. Telle est la règle d'or pour un chrétien : progresser, avancer et s'abaisser. On ne peut pas aller sur une autre voie. Si je ne m'abaisse pas, si tu ne t'abaisses pas, tu n'es pas chrétien. Le triomphe du chrétien prend ce chemin de l'abaissement. Je crois que l'on dit ainsi : s'abaisser. Regardons Jésus qui commence à s'abaisser dans ce mystère si beau. Regardons Marie, regardons Joseph. Et demandons la grâce de l'humilité. Mais de cette humilité qui est la voie par laquelle passe assurément la charité. »

Mardi 9 avril 2013

La douceur, une vertu un peu oubliée

« La tentation de commérer à propos des autres et de mal parler d'eux est toujours présente. En famille aussi, entre amis et dans la paroisse, où les dames du catéchisme se chamaillent avec celles de la *Caritas*. Ce sont des tentations quotidiennes, ennemies de la douceur et de l'unité entre les personnes et au sein de la communauté chrétienne, qui arrivent à tous, même à moi. »

C'est précisément contre cette attitude que le pape François a mis en garde au cours de la célébration de la messe du mardi 9 avril. Le Pape a indiqué la voie de la douceur évangélique pour laisser à l'Esprit la possibilité d'œuvrer et de nous régénérer à une vie nouvelle, faite d'unité et d'amour. « Demandons la grâce, a-t-il dit, de ne juger personne et d'apprendre à ne pas commérer sur le dos des autres — ce serait vraiment un grand pas en avant — en nous efforçant de faire preuve de charité les uns envers les autres, de respect et en laissant avec douceur la place à l'autre. Dans la prière, au début de la messe, nous avons demandé au Seigneur que, par la force de Jésus ressuscité, il manifeste au monde la plénitude de la vie nouvelle. Après la résurrection de Jésus, commence une vie nouvelle ! C'est ce que Jésus a dit à Nicodème. Il dut "naître d'en haut", commencer. » « Nicodème, a expliqué le pape François en référence au passage évangélique de saint Jean (3,7-15) — est un érudit. Un peu auparavant, dans l'Évangile, il avait répondu à Jésus : mais comment un homme peut-il naître à nouveau, retourner dans le sein de sa mère et naître à nouveau ? Jésus parlait d'une autre dimension : "naître d'en haut", naître de l'Esprit. C'est une nouvelle naissance, c'est la vie nouvelle, la puissance, la beauté de la vie nouvelle que nous avons demandée dans la prière. C'est la vie nouvelle que nous avons reçue dans le baptême, mais qui doit se développer. La multitude de ceux qui étaient devenus croyants avait un seul cœur et une seule âme. Une seule âme, un seul cœur : l'unité, cette unité, cette unanimité, cette harmonie des sentiments dans l'amour, l'amour réciproque. Penser que "les autres sont meilleurs que moi" : c'est beau, non ? Mais la réalité nous dit qu'après le baptême, cela ne vient pas automatiquement. C'est un travail à faire sur le chemin de la vie, c'est un travail à faire par l'Esprit en nous et c'est une fidélité à l'Esprit de notre part. Et cette douceur dans la communauté est une vertu un peu oubliée. Être doux, laisser la place à l'autre. Il y a tant d'ennemis de la douceur, à commencer par les commérages, n'est-ce pas ? Lorsque l'on préfère commérer, commérer sur l'autre, dire du mal de l'autre. Ce sont des choses quotidiennes qui arrivent à tous, même à moi. Ce sont des tentations du malin qui ne veut pas que l'Esprit vienne à nous et fasse cette paix, cette douceur dans les communautés chrétiennes. Nous allons à la paroisse, et les dames du catéchisme se chamaillent avec celles de la *Caritas*. Il y a toujours ces conflits. Même en famille ou dans le quartier. Et même entre amis. Et cela, ce n'est pas la vie nouvelle. Lorsque vient l'Esprit et qu'il nous fait naître à une vie nouvelle, il nous rend doux, charitables. Il ne faut juger personne : l'unique Juge est le Seigneur. Voilà pourquoi la suggestion de ne rien dire. Et si je dois dire quelque chose, je lui dis à lui, à elle : mais pas à tout le quartier. Seulement à celui qui peut résoudre la situation. Cela n'est qu'un petit pas dans la vie nouvelle, mais c'est un pas quotidien. »

Mercredi 10 avril 2013

Le Salut chrétien

« Le Seigneur ne nous sauve pas avec une lettre, avec un décret, mais il nous a sauvés et continue de nous sauver par son amour, en restituant aux hommes dignité et espérance. » Au cours de la messe du 10 avril, le Pape a parlé du salut chrétien, en illustrant sa signification la plus authentique : celle de l'amour de Dieu qui, à travers son Fils unique, « s'est fait l'un de nous, a marché avec nous ».

En commentant la prière de la collecte, le Pape a souligné que dans la première prière de la messe a été dit en pratique au Seigneur : « À travers la Pâque, tu as fait deux choses : tu as rétabli l'homme dans sa dignité perdue et tu lui as donné l'espérance. C'est le salut. Le Seigneur nous donne la dignité que nous avons perdue. Cette dignité de fils rétablit la dignité, et nous donne également l'espérance. Une dignité qui va de l'avant, jusqu'à la rencontre définitive avec lui. Telle est la voie du salut, et c'est beau : seul l'amour le produit. Nous sommes dignes, nous sommes des femmes et des hommes d'espérance.

Il arrive toutefois que parfois, nous voulions nous sauver nous-mêmes et nous pensons y arriver. “Moi je me sauve moi-même !”. Nous ne le disons pas ainsi, mais dans la vie, nous le faisons ainsi. Par exemple, lorsque nous pensons : « Je me sauve avec l'argent. Je suis sûr de moi, j'ai de l'argent, il n'y a pas de problèmes... J'ai une dignité : la dignité d'une personne riche ». Mais tout cela ne suffit pas. Pensons à la parabole de l'Évangile, à cet homme dont le grenier était plein et qui dit : “Je vais en construire un autre, pour en avoir plus, comme cela, je dormirai tranquille”. Et le Seigneur lui répond : “Insensé ! Ce soir tu vas mourir”. Ce salut ne va pas, c'est un salut provisoire, un salut apparent, comme les fois où nous avons l'illusion de nous sauver par la vanité, par l'orgueil, en nous croyant puissants, en masquant notre pauvreté, nos péchés par la vanité, l'orgueil. » « Autant de choses qui finissent, tandis que le véritable salut concerne la dignité et l'espérance reçues grâce à l'amour de Dieu, a ajouté le Pape en faisant référence au passage de l'Évangile de Jean (3,16-21) proclamé peu avant, qui a envoyé son Fils pour nous sauver. »

D'où l'invitation de François à accomplir « un acte de foi » en disant : « Seigneur, je crois. Je crois en ton amour. Je crois que ton amour m'a sauvé. Je crois que ton amour m'a sauvé. Je crois que ton amour m'a donné la dignité que je n'avais pas. Je crois que ton amour me donne l'espérance. Voilà alors qu'il devient beau de croire dans l'amour, parce que c'est la vérité. C'est la vérité de notre vie. »

Jeudi 11 avril 2013

L'obéissance

Dieu ne peut être l'objet de négociation. Et la foi ne prévoit pas la possibilité d'être « tièdes », « ni bons, ni méchants », en cherchant à travers « une double vie » d'arriver à un compromis en vue d'un « *modus vivendi* » avec le monde. C'est ce qu'a rappelé le Pape lors de la messe du jeudi 11 avril.

Dans les lectures apparaît par trois fois le mot « obéir » : on parle de l'obéissance. La première fois, lorsque Pierre répond : « Il faut obéir à Dieu plutôt qu'aux hommes » devant le Sanhédrin, comme le rapportent les Actes des Apôtres (5,27-33).

« Que signifie, s'est demandé le Pape, obéir à Dieu ? Cela signifie-t-il que nous devons être tous comme des esclaves ? Tous liés ? Non, parce que précisément celui qui obéit à Dieu est libre, il n'est pas esclave ! Et comment cela se fait-il ? J'obéis, je ne fais pas ma volonté, et je suis libre ? Cela semble une contradiction. Et ce n'est pas une contradiction. En effet, obéir vient du latin, et signifie écouter, entendre l'autre. Obéir à Dieu signifie écouter Dieu, avoir le cœur ouvert pour aller sur la voie que Dieu nous indique. L'obéissance à Dieu signifie écouter Dieu. Et cela nous rend libres. »

Précisément en commentant le passage des Actes des Apôtres, le Pape a rappelé que Pierre « devant ces scribes, ces prêtres, même le grand prêtre, les pharisiens, était appelé à prendre une décision. Pierre entendait ce que disaient les pharisiens et les prêtres, et entendait ce que Jésus disait dans son cœur : “Que dois-je faire ?”. Lui répond : “Je fais ce que me dit Jésus, pas ce que vous voulez que je fasse”. Et il est allé de l'avant ainsi ».

Vendredi 12 avril 2013

La voie de la persévérance

Les « pensées triomphalistes » sont « une grande tentation dans la vie chrétienne ». Mais Dieu « ne fait pas comme une fée avec sa baguette magique », qui peut sauver l'homme en un instant ; il se sert plutôt de la voie de la persévérance, parce qu'il « nous sauve dans le temps et dans l'histoire », sur le « chemin de tous les jours ». Telle était la réflexion au cours de la messe célébrée le 12 avril.

Faisant référence au passage des Actes des Apôtres (5,34-42) proclamé dans la première lecture, le Pape a indiqué en Gamaliel « un homme sage, parce qu'il nous donne un exemple de la façon dont Dieu agit dans notre vie. Lorsque tous ces prêtres, pharisiens, docteurs de la loi étaient si nerveux, affolés par ce que faisaient les apôtres, et voulaient même les tuer, il dit : mais arrêtez-vous ! Et il rappelle les histoires de Judas le Galiléen, de Theudas, qui n'avaient rien réussi à faire : ils disaient qu'ils étaient le Christ, le Messie, les sauveurs et puis tout était demeuré sans succès. "Donnez du temps au temps" dit Gamaliel ».

« C'est un sage conseil, a expliqué le pape François, pour notre vie aussi. Parce que le temps est le messager de Dieu : Dieu nous sauve dans le temps, pas dans l'instant. Quelquefois, il fait des miracles, mais dans la vie commune, il nous sauve dans le temps. Parfois nous pensons que le Seigneur vient dans notre vie, nous change. Oui, il nous change : les conversions sont cela. "Je veux te suivre Seigneur". Mais ce chemin doit faire histoire. Le Seigneur, donc, nous sauve dans l'histoire : dans notre histoire personnelle. Le Seigneur ne fait pas comme une fée avec une baguette magique. Non. Il te donne la grâce et il dit, comme il disait à tous ceux qu'il guérissait : "Lève-toi et marche". Il nous le dit à nous aussi : "Marche dans ta vie, rends témoignage de tout ce que le Seigneur fait avec nous". Il faut alors se garder d'une grande tentation dans la vie chrétienne, celle du triomphalisme. C'est une tentation que les apôtres aussi ont connue. Par exemple, quand Pierre dit au Seigneur : “mais, Seigneur, moi je ne te renierai jamais, j’en suis sûr !” Le Seigneur lui dit : “sois tranquille, avant que le coq ne chante, avant que l’on n’entende le chant du coq, par trois fois tu me renieras”. C’est précisément cela la tentation du triomphalisme : croire qu’en un instant tout a été fait ! Non, en un moment tout commence : c’est une grâce très grande, mais nous devons aller sur le chemin de la vie. »

Samedi 13 avril 2013

N'ayez pas peur

« Pour résoudre les problèmes de la vie quotidienne, il faut regarder la réalité en face, prêts, comme le gardien de but d'une équipe de football, à arrêter le ballon d'où qu'il vienne. Et sans céder à la peur ou à la tentation de se plaindre, car Jésus est toujours aux côtés de chaque homme, même et surtout pendant les moments les plus difficiles ». Telles sont les paroles de François au cours de la messe célébrée le 13 avril.

Dans le passage des Actes des Apôtres (6,1-7), « il y a une partie, a expliqué le Pape, de l'histoire des premiers jours de l'Église : l'Église grandissait, le nombre des disciples augmentait, mais à ce moment-là, les problèmes commencent. En effet, ceux de langue grecque murmurent contre ceux de langue juive car dans l'assistance quotidienne on négligeait les veuves. La vie n'est pas toujours tranquille et belle et la première chose qu'ils font est de murmurer, de parler l'un contre l'autre : "Mais, regarde, il y a ça...". Mais cela ne mène à aucune solution, cela ne donne pas de solution. En revanche, les apôtres, avec l'assistance de l'Esprit saint, ont bien réagi. Ils ont convoqué le groupe des disciples et ils ont parlé. C'est le premier pas : quand il y a des difficultés, il faut bien les regarder, les affronter et en parler. Il ne faut jamais les cacher. La vie est ainsi. Il faut prendre la vie comme elle vient, non comme nous voulons qu'elle vienne. Les apôtres, donc, ont parlé entre eux et ont fait une belle proposition, une proposition révolutionnaire, parce qu'ils ont dit : "Mais nous sommes les apôtres, ceux que Jésus a choisis". Mais cela ne suffit pas. Ils se sont rendu compte que leur premier devoir était la prière et le service de la Parole. "Et pour l'assistance quotidienne aux veuves nous devons faire une autre chose". Ainsi, ils ont décidé de créer les diacres. Une décision un peu risquée à cette époque. Mais l'Esprit saint les a poussés à faire cela. Ils l'ont fait. Ainsi, nous ne devons pas avoir peur des problèmes. Jésus lui-même dit à ses disciples : "c'est moi, n'ayez pas peur, c'est moi !" Toujours. Avec les difficultés de la vie, avec les problèmes, avec les choses nouvelles que nous devons affronter : le Seigneur est là. Nous pouvons nous tromper, véritablement, mais Il est toujours près de nous et il dit : tu t'es trompé, reprends le bon chemin. N'ayons pas peur des difficultés, n'ayons pas peur quand notre cœur est triste, dans l'obscurité ! Prenons les choses comme elles viennent, avec l'Esprit du Seigneur et l'aide de l'Esprit saint. Et ainsi allons de l'avant, en sécurité sur un juste chemin. »

Lundi 15 avril 2013

La calomnie détruit l'œuvre de Dieu

La calomnie détruit l'œuvre de Dieu, car elle naît de la haine. Elle est fille du « père du mensonge » et veut anéantir l'homme, en l'éloignant de Dieu. C'est ce que le pape François a dit lors de la messe du 15 avril. La calomnie est vieille comme le monde et on en parle déjà dans l'Ancien Testament. Il suffit de penser à l'épisode de la reine Jézabel avec la vigne de Naboth, ou à celui de Suzanne avec les deux juges. Lorsque l'on ne pouvait pas obtenir quelque chose « en empruntant une voie juste, une voie sainte », on utilisait la calomnie, qui détruit. « Cela nous fait penser, a commenté le Pape, que nous sommes tous pécheurs : tous. Nous avons péché. Mais la calomnie est une autre chose. C'est un péché, mais c'est quelque chose de plus, parce qu'elle veut détruire l'œuvre de Dieu et naît de quelque chose de très méchant : elle naît de la haine. Et c'est Satan qui crée la haine. Mensonge et calomnie vont de pair parce qu'ils ont besoin l'un de l'autre pour aller de l'avant. Et sans aucun doute, là où il y a calomnie, il y a Satan, précisément lui. » Le pape François a ensuite cité le témoignage d'Étienne, le protomartyr. Étienne « regarde le Seigneur et obéit à la loi. Il est le premier d'une longue série de témoins du Christ qui ont constellé l'histoire de l'Église. Non seulement par le passé, mais également de nos jours, il y a de nombreux martyrs. Ici à Rome, nous avons tant de témoignages de martyrs, en commençant par Pierre. Mais le temps des martyrs n'est pas fini : aujourd'hui aussi, nous pouvons dire, en vérité, que l'Église a plus de martyrs qu'à l'époque des premiers siècles ».

Mardi 16 avril 2013

La grâce et la docilité de l'Esprit saint

« Aujourd'hui, c'est l'anniversaire de Benoît XVI. Nous offrons la messe pour lui, pour que le Seigneur soit avec lui, le réconforte et lui donne beaucoup de consolation. » Au début de la célébration eucharistique présidée mardi 16 avril, la première pensée du pape François est allée à son prédécesseur le jour de son quatre-vingt-sixième anniversaire. Tandis que l'homélie a été l'occasion de mettre en garde ceux qui se laissent séduire par la tentation d'opposer résistance à l'Esprit saint. « L'Esprit, a-t-il souligné avec une douce fermeté, ne se domestique pas ! ».

Ce n'est pas un hasard si le Pape s'est référé au concile Vatican II, qui, a-t-il dit, « a été une œuvre belle de l'Esprit saint. Pensez au pape Jean XXIII : il semblait un bon curé et il a été obéissant à l'Esprit saint, en réalisant ce que voulait l'Esprit. Mais après cinquante ans, avons-nous fait tout ce que nous a dit l'Esprit saint dans le Concile, dans cette continuité dans la croissance de l'Église qu'a été le Concile ?

Non. Nous fêtons cet anniversaire en érigeant une sorte de monument au Concile, mais nous nous inquiétons surtout qu'il ne nous dérange pas. Nous ne voulons pas changer. Et même, il y a plus : certaines voix veulent revenir en arrière. Cela signifie "avoir la nuque raide", vouloir "domestiquer l'Esprit saint", cela s'appelle être "des cœurs lents et sans intelligence" ».

Le Pape s'est appuyé sur la première lecture, tirée des Actes des Apôtres (7,51–8,1a). « Les mots d'Étienne, a-t-il commencé, sont forts : "Nuques raides, oreilles et cœurs incirconcis, toujours vous résistez à l'Esprit saint ! Tels furent vos pères, tels vous êtes ! Lequel des prophètes vos pères n'ont-ils point persécuté ? Ils ont tué ceux qui prédisaient la venue du Juste, celui-là même que maintenant vous venez de trahir et d'assassiner". Les prophètes "vous les avez tués", puis vous leur avez fait une belle tombe, un monument, non ? — je ne sais pas si cela se dit exactement ainsi — puis vous les avez vénérés, mais après les avoir tués. Voilà comment se manifeste cette résistance à l'Esprit saint. Jésus lui-même, avec un peu plus de douceur, le dit, avec plus de gentillesse, aux disciples d'Emmaüs : "O cœurs sans intelligence, lents à croire à tout ce qu'ont annoncé les Prophètes !".

Une telle résistance à l'Esprit saint se manifeste également parmi nous. Plus encore, pour le dire clairement, l'Esprit saint nous dérange. Parce qu'il nous pousse, il nous fait marcher, il pousse l'Église à aller de l'avant. Et nous sommes comme Pierre lors de la transfiguration : "Ah, qu'il est beau d'être ici tous ensemble !" Mais qu'il ne nous dérange pas. Nous voulons que l'Esprit saint nous endorme. Nous voulons domestiquer l'Esprit saint. Et cela ne va pas. Parce qu'il est Dieu et c'est lui ce vent qui va et qui vient, sans que l'on sache d'où. C'est la force de Dieu ; c'est ce qui nous donne le réconfort et la force d'aller de l'avant. Mais aller de l'avant ! Et cela nous dérange. Le confort est plus agréable. Vous pourriez dire : "Mais, mon père, cela était vrai à l'époque. À présent nous sommes tous contents avec l'Esprit saint". Non, ce n'est pas vrai ! Cette tentation existe encore aujourd'hui, comme le démontre justement l'expérience de la réception du concile Vatican II.

Dans notre vie personnelle aussi, dans la vie privée, il arrive la même chose : l'Esprit nous pousse à prendre une route plus évangélique, et nous : "Mais non, les choses vont bien ainsi, Seigneur...". Il ne faut pas opposer de résistance à l'Esprit saint. Parce que c'est l'Esprit qui nous rend libres, avec cette liberté de Jésus, avec cette liberté des enfants de Dieu ! Ne pas opposer de résistance à l'Esprit saint : telle est la grâce que je voudrais que nous demandions tous au Seigneur ; la docilité à l'Esprit saint, à cet Esprit qui vient à nous et nous fait aller de l'avant sur la route de la sainteté, cette sainteté si belle de l'Église. La grâce de la docilité à l'Esprit saint. »

Mercredi 17 avril 2013

Devenir des baptisés courageux

L'Église ne peut pas être « une baby-sitter qui prend soin d'un enfant pour qu'il s'endorme ». S'il en était ainsi, ce serait « une Église assoupie ». Qui a connu Jésus a la force et le courage de l'annoncer. Et qui a reçu le baptême a la force de marcher, d'aller de l'avant, d'évangéliser et « lorsque nous faisons cela, l'Église devient une mère qui engendre des enfants » capables d'apporter le Christ dans le monde. Voilà en synthèse le sens de la réflexion proposée par le pape François dans la matinée du mercredi 17 avril, au cours de la célébration de la messe. « Demandons au Seigneur, a conclu le Pape, la grâce de devenir des baptisés courageux et sûrs que l'Esprit que nous avons en nous, reçu par le baptême, nous pousse toujours à annoncer Jésus Christ à travers notre vie, à travers notre témoignage et également à travers nos paroles. »

Jeudi 18 avril 2013

Parler avec Dieu

Parler avec Dieu, c'est comme parler avec des personnes : le Père, le Fils, l'Esprit saint. Parce que notre Dieu est ainsi, un et trine ; ce n'est pas un dieu indéfini et diffus, comme un « spray » répandu un peu partout. Tel est, de façon synthétique, le sens de la réflexion proposée par le pape François dans l'homélie prononcée au cours de la messe célébrée dans la matinée du jeudi 18 avril, à la *Domus Sanctae Marthae*, à laquelle ont participé les dirigeants et les agents de l'Inspectorat de la Sécurité publique auprès du Vatican.

En conclusion de la messe, après la prière à l'archange saint Michel, patron de la Police italienne, le Pape a voulu remercier les personnes présentes « pour le service que vous accomplissez dans la société. Un service difficile ; un service pour le bien commun, pour la paix commune. Un service qui est dangereux, aussi, pour la vie. Un service qui — comme nous l'avons demandé à l'archange saint Michel — exige droiture d'esprit, volonté vigoureuse, honnêteté dans les relations et sérénité. Merci beaucoup pour le service que vous rendez. Que le Seigneur vous accorde de nombreuses bénédictions ».

Vendredi 19 avril 2013

L'idéologie falsifie l'Évangile

L'idéologie falsifie l'Évangile et menace également l'Église. C'est pourquoi le pape François, au cours de la célébration de la messe dans la matinée du vendredi 19 avril, a demandé de prier « afin que le Seigneur libère l'Église de toute interprétation idéologique ».

« La voix de Jésus, a expliqué le Pape, nous dit quelque chose et touche précisément notre cœur. Elle passe par notre esprit et va droit au cœur pour chercher à convertir l'homme. Il s'agit d'une parole adressée au cœur, parce que c'est une parole d'amour, c'est une parole belle et elle porte l'amour, elle nous fait aimer. Ceux qui ne saisissent pas cette caractéristique, barrent la voie à l'amour et aussi à la beauté. »

Samedi 20 avril 2013

La tentation du scandale

Une Église faite de chrétiens libérés de la tentation de murmurer contre Jésus « trop exigeant », mais surtout libres « de la tentation du scandale » est une Église qui se consolide, marche et grandit sur la route indiquée par Jésus. C'est pour cette Église que dans la matinée du samedi 20 avril, le pape François a demandé de prier au cours de la messe.

L'exhortation du Pape a été la conclusion de la réflexion sur les lectures de la liturgie du jour proposée dans l'homélie. « Le passage du livre des *Actes des Apôtres* (9,31-42) nous raconte une scène de l'Église, qui était en paix. Elle était en paix dans toute la Judée, la Galilée et la Samarie.

Un moment de paix. Et il dit aussi ceci : “Elle se consolidait, marchait et grandissait” ». Il s’agissait d’une Église qui avait subi la persécution, mais qui au cours de cette période se renforçait, allait de l’avant et grandissait. Le pape François a précisé que c’est justement la vie de l’Église, qui « doit aller ainsi : se consolider, marcher et grandir ». Et pour que cela soit possible, « nous devons faire des pactes, nous devons faire des négociations, nous devons faire tant de choses, non ? ».

Mais, s’est demandé le Pape, comment se consolide-t-elle, marche-t-elle, grandit-elle ? « Dans la crainte du Seigneur et avec le réconfort de l’Esprit saint. Tel est le cadre dans lequel vit l’Église, l’air qu’elle respire en marchant dans la crainte du Seigneur et avec le réconfort de l’Esprit saint. Et c’est précisément ce que Dieu au début avait demandé à notre père Abraham : “Marche dans ma présence et sois irrépréhensible”. C’est un style de l’Église. Marcher dans la crainte du Seigneur. C’est un peu le sens de l’adoration, la présence de Dieu. L’Église marche ainsi et lorsque nous sommes en présence de Dieu, nous ne faisons pas de choses mauvaises et nous ne prenons pas de décisions mauvaises. Nous sommes devant

Dieu. Même avec la joie et le bonheur. Tel est le réconfort de l'Esprit saint, c'est-à-dire le don que le Seigneur nous a donné. Ce réconfort nous fait aller de l'avant. »

Le Pape a ensuite fait référence à l'Évangile de Jean (6,60-69) dans lequel on lit des expressions particulières accompagnées par deux verbes : murmurer et scandaliser. « Un grand nombre des disciples de Jésus ont commencé à murmurer et à se scandaliser. Murmurer et scandaliser. Certains se sont éloignés en disant “cet homme est un peu spécial ; il dit des choses dures et nous, nous ne pouvons pas... C'est un risque trop grand d'aller sur cette voie. Nous avons du bon sens, non ? Tenons-nous en arrière et n'allons pas si près de lui”. Sans doute avaient-ils une certaine admiration pour Jésus mais un peu de loin : ne pas trop se mêler à cet homme, parce qu'il dit des choses un peu étranges. Ceux-là ne se consolident pas dans l'Église, ils ne marchent pas en présence de Dieu, ils n'ont pas le réconfort de l'Esprit saint, ils ne font pas croître l'Église. Ce sont des chrétiens de bon sens uniquement : ils prennent leurs distances. Des chrétiens, pour ainsi dire, satellites, qui ont une petite Église, à leur mesure. Pour le dire avec les paroles propres à Jésus dans l'Apocalypse, "des chrétiens tièdes". »

Le Pape n'a pas hésité à définir de « prudence mondaine » la tentation de nombreuses personnes. « Je pense à un grand nombre de nos frères et sœurs qui, en ce moment, précisément en ce moment, apportent le témoignage du nom de Jésus même jusqu'au martyre. Ce ne sont pas des "chrétiens satellites" : eux vont avec Jésus, sur la voie de Jésus. Ils savent parfaitement ce que Pierre dit au Seigneur, lorsque le Seigneur lui pose la question : vous aussi voulez-vous vous en aller, être des "chrétiens satellites" ? Pierre lui répond : "Seigneur à qui irons-nous ? Tu as les paroles de vie éternelle". Ainsi, d'un grand groupe, il devient un plus petit groupe, mais de ceux qui savent parfaitement qu'ils ne peuvent pas aller ailleurs parce que lui seul, le Seigneur, a les paroles de vie éternelle ». Aller avec Jésus, donc, sans crainte et sur la voie qu'il a indiquée. Telle est l'invitation du pape François qui, au terme de l'homélie, a demandé de prier au cours de la Messe « pour l'Église, afin qu'elle continue de croître, de se consolider, de marcher dans la crainte de Dieu et avec le réconfort de l'Esprit saint. Que le

Seigneur nous libère de la tentation du “bon sens” ; de la tentation de murmurer contre Jésus, parce qu’il est trop exigeant ; et de la tentation du scandale ».

Lundi 22 avril 2013

Jésus, seule porte pour entrer dans le royaume de Dieu

Il n'y a qu'une seule porte pour entrer dans le royaume de Dieu. Et cette porte est Jésus. Quiconque tente d'y entrer à travers une autre voie est un voleur ou un brigand ; ou bien c'est un arriviste qui ne pense qu'à son bénéfice, à sa gloire, et vole la gloire de Dieu. Le pape François, a à nouveau proposé Jésus comme centre de l'existence humaine et rappelé que notre religion n'est pas une religion « de boutiquiers ».

Mais comment comprendre que la porte véritable est Jésus ? « Prends les Béatitudes, et fais ce que disent les Béatitudes. De cette manière, tu es humble, tu es pauvre, tu es doux, tu es juste ; et lorsque quelqu'un propose autre chose, ne l'écoute pas : la porte est toujours Jésus et celui qui entre par cette porte ne se trompe pas. Jésus est non seulement la porte : c'est le chemin, c'est la route. Il y a beaucoup de sentiers, peut-être plus avantageux pour arriver, mais ils sont trompeurs, ils ne sont pas vrais : ils sont faux. Seul Jésus est la route. Quelqu'un pourra dire : "Mon père, mais vous êtes fondamentaliste !". Non. Simplement Jésus a dit cela : "Je suis la porte", "je suis le chemin" pour nous donner la vie. Simplement. C'est une porte belle, une porte d'amour, c'est une porte qui ne trompe pas, elle n'est pas fausse. Elle dit toujours la vérité. Mais avec tendresse, avec amour. »

En conclusion, le Pape a invité les personnes présentes à prier pour obtenir « la grâce de frapper toujours à cette porte-là qui semble parfois fermée ; quand nous sommes tristes, désespérés. Nous avons du mal à frapper à cette porte-là. Demandons cette grâce, de toujours frapper à cette porte-là et de dire au Seigneur : "Ouvre, Seigneur, je veux entrer par cette porte, pas par l'autre". »

Mercredi 24 avril 2013

L'Église est une histoire d'amour

L'Église est une histoire d'amour et nous en faisons partie. Mais pour cette raison précisément, lorsque l'on donne trop d'importance à l'organisation, quand l'administration et la bureaucratie prennent une dimension prépondérante, l'Église perd sa vraie substance et risque de se transformer en une simple organisation non gouvernementale. L'histoire d'amour à laquelle le pape François s'est référé au cours de la messe célébrée mercredi 24 avril, est celle de la maternité de l'Église. Une maternité, a-t-il dit, qui « croît et se diffuse dans le temps et qui n'est pas encore finie, poussée non par des forces humaines, mais par la force de l'Esprit saint.

Mais alors, comment croît l'Église ? Jésus l'a dit avec simplicité : comme le grain de sénevé, comme le levain dans la farine, sans bruit. L'Église croît — pour ainsi dire — par le bas, lentement. Et quand elle se vante de sa quantité, quand elle donne naissance à des organisations et des bureaux et devient un peu bureaucratique, l'Église perd sa principale substance et court le danger de se transformer en une ONG. Et l'Église n'est pas une ONG. C'est une histoire d'amour. »

Puis, s'adressant aux personnes présentes, il a expliqué : « Tout est nécessaire, les bureaux sont nécessaires, mais ils sont nécessaires jusqu'à un certain point, c'est-à-dire comme soutien à cette histoire d'amour. Quand, en revanche, l'organisation prend la première place, l'amour rétrocède et l'Église, la pauvre, devient une ONG. Et cela n'est pas la bonne route. »

« Mais comment se réalise cette croissance de l'Église ? » a-t-il à nouveau demandé. « Non comme les militaires, comme ce chef d'État qui a demandé combien de divisions a L'Église. Celle-ci ne croît pas grâce à son armée : sa force, c'est l'Esprit, l'Esprit saint, l'amour. C'est le Père qui envoie le Fils et le Fils nous donne la force de l'Esprit saint pour croître, pour aller de l'avant.

Donc l'Église n'est pas une organisation, mais elle est Mère. » Et en notant la présence à la messe de nombreuses mères, le pape François s'est adressé directement à elles et a demandé : « Qu'est-ce que vous en dites, si quelqu'un vous dit : “Mais vous, vous êtes une organisatrice de votre maison” ? », anticipant leur réponse il a ajouté : « Non : je suis une maman ! Et l'Église est Mère. Et nous, avec la force de l'Esprit, tous ensemble, nous sommes une famille dans l'Église qui est notre Mère. Ainsi peut-on expliquer cette première lecture : “La parole de Dieu croissait et se répandait”. Elle croît ainsi.

Demandons à la Vierge, qui est Mère de nous donner la grâce de la joie, de la joie spirituelle de cheminer dans cette histoire d'amour. »

Jeudi 25 avril 2013

La magnanimité dans l'humilité

Magnanimité dans l'humilité : c'est le style de vie du chrétien qui voudrait réellement être témoin de l'Évangile jusqu'aux horizons extrêmes du monde. Les contours de cette manière d'être des « missionnaires dans l'Église » ont été esquissés par le Pape au cours de la messe du jeudi 25 avril.

Ainsi les apôtres partirent et prêchèrent partout. « Mais le Seigneur, a précisé le Pape, agissait avec eux. Le Seigneur travaille avec tous ceux qui prêchent l'Évangile. C'est la magnanimité que les chrétiens doivent avoir. On ne peut comprendre qu'un chrétien soit pusillanime. Cette magnanimité est propre à la vocation chrétienne : toujours plus, toujours plus, toujours plus ; toujours de l'avant. Toutefois, il peut aussi arriver quelque chose qui ne soit pas vraiment chrétien. Dès lors, comment devons-nous aller de l'avant ? Quel style Jésus veut-il pour ses disciples dans la prédication de l'Évangile, dans cette dimension missionnaire ? La réponse se trouve dans le texte de saint Pierre qui nous explique un peu ce style : "Très chers amis revêtez-vous tous d'humilité dans vos rapports mutuels, car Dieu résiste aux orgueilleux, mais c'est aux humbles qu'il donne sa grâce". Le style de la prédication évangélique va sur cette attitude, l'humilité, la charité, l'amour fraternel. »

Le Pape a ensuite imaginé la possible objection d'un chrétien face au Seigneur qui propose ce style : « "Mais Seigneur, nous devons conquérir le monde !" ». Et il a montré ce qu'il y a d'erroné dans cette attitude : « Ce mot, "conquérir", ne convient pas. Nous devons prêcher dans le monde. Le chrétien ne doit pas être comme les soldats qui, lorsqu'ils remportent une bataille, font place nette, de tout. »

Alors, le pape François a fait référence à un roman médiéval dans lequel il est raconté que les chrétiens, après avoir remporté une bataille et conquis une ville, mirent en file tous les païens et les séparèrent entre le baptistère et l'épée, en leur imposant de choisir : l'eau, c'est-à-dire le baptême, ou l'arme, c'est-à-dire la mort. Et il a affirmé : « Cela n'est pas le style du chrétien. Son style est celui de Jésus, humble. Le chrétien, prêche, annonce l'Évangile par son témoignage plus que par les paroles. Un sage évêque d'Italie me disait, il y a quelques jours : "Parfois, nous pensons que notre prédication évangélique doit être une *salus idearum* et non une *salus animarum*, la santé des idées et non la santé de l'âme". Mais comment arrive-t-on à la santé de l'âme ? Avec l'humilité, avec la charité. Saint Thomas a une très belle phrase à ce sujet : "C'est comme aller vers cet horizon qui ne finit jamais parce qu'il reste toujours un horizon". Et alors comment procéder avec cette attitude chrétienne ? Il dit qu'il ne faut pas avoir peur des grandes choses. Aller de l'avant, en tenant compte aussi des petites choses. Cela est divin. C'est comme une tension entre le grand et le petit ; les deux réunis, c'est cela qui est chrétien. La dimension missionnaire chrétienne, la prédication de l'Évangile de l'Église, passe par cette voie. Demandons au Seigneur de devenir missionnaires dans l'Église, apôtres dans l'Église mais avec cet esprit : une grande magnanimité et aussi une grande humilité. »

Vendredi 26 avril 2013

Le chemin de la vie

Le Pape a axé son homélie sur le passage évangélique de saint Jean (14,1-6) : « Que votre cœur ne se trouble pas ! Vous croyez en Dieu, croyez aussi en moi. Dans la maison de mon Père, il y a de nombreuses demeures ; sinon, je vous l'aurais dit ; je vais vous préparer une place. »

« Comment se passe, a demandé François, cette préparation ? Comment a-t-elle lieu ? Comment est cet endroit ? Que signifie préparer la place ? Louer une pièce là-haut ? Préparer la place signifie préparer notre possibilité de profiter, notre possibilité de voir, d'entendre, de comprendre la beauté de ce qui nous attend, de cette patrie vers laquelle nous nous acheminons. Et toute la vie chrétienne est un travail de Jésus, de l'Esprit saint pour nous préparer une place, préparer nos yeux pour pouvoir voir. "Mais, Père, je vois bien ! Je n'ai pas besoin de lunettes !" Mais il s'agit d'une autre vision. Pensons à ceux qui sont malades de cataracte et qui doivent se faire opérer : ils voient, mais après l'intervention, que disent-ils ? "Jamais je n'aurais pensé que l'on puisse voir ainsi, sans lunettes, si bien !" Nos yeux, les yeux de notre âme, ont besoin, ont la nécessité d'être préparés pour regarder ce visage merveilleux de Jésus. Il s'agit aussi de préparer l'ouïe pour pouvoir entendre les belles choses, les belles paroles. Et principalement préparer le cœur : préparer le cœur pour aimer, aimer davantage.

Sur le chemin de la vie, le Seigneur a toujours fait cela : à travers les épreuves, les consolations, les tribulations, les bonnes choses. Tout le chemin de la vie est un chemin de préparation. Parfois, le Seigneur doit le faire rapidement, comme il l'a fait avec le bon larron : il n'avait que quelques minutes pour le préparer et il l'a fait. Mais la norme dans la vie est d'aller ainsi : se laisser préparer le cœur, les yeux, l'ouïe pour arriver à cette patrie. Car là est notre patrie ».

Le pape François a mis en garde de ne pas perdre de vue cette dimension fondamentale de notre vie et du chemin de foi et contre les objectifs de ceux qui ne reconnaissent pas une perspective d'éternité : « "Mais, Père, je suis allé chez un philosophe et il m'a dit que toutes ces pensées sont une aliénation, que nous sommes aliénés, que la vie est cela, ce qui est concret, et que de l'autre côté on ne sait pas ce qu'il y a…" Certains pensent ainsi. Mais Jésus nous dit qu'il n'en est pas ainsi. Il nous dit : "ayez foi également en moi. Ce que je te dis est la vérité : je ne t'escroque pas, je ne te trompe pas". Nous sommes en marche vers la patrie, nous les enfants de la race d'Abraham, comme le dit saint Paul dans sa première lettre (*Ac* 13,26-33).

Et depuis l'époque d'Abraham, nous sommes en chemin, avec cette promesse de la patrie définitive. Et cela n'est pas une aliénation : cela est la vérité, cela signifie laisser Jésus préparer notre cœur, nos yeux, pour cette beauté si grande. C'est le chemin de la beauté. Également le chemin du retour à notre patrie. »

Samedi 27 avril 2013

La joie vivante qui naît de l'Esprit

Certains affrontent la souffrance en gardant la joie vivante qui naît de l'Esprit — comme par exemple les chrétiens persécutés encore aujourd'hui dans de nombreuses régions du monde — et d'autres, en revanche, « utilisent l'argent pour acheter des faveurs » et trouver des compromis, ou « la calomnie pour diffamer et chercher de l'aide auprès des puissants de la terre » et se moquent parfois de ceux qui essaient de vivre dans la joie chrétienne leur propre souffrance. C'est sur cette confrontation que s'est arrêté François dans son homélie du 27 avril.

Le Pape s'est en particulier attardé sur la page des Actes des Apôtres (13,44-52) qui raconte justement la confrontation entre deux communautés religieuses : celle des disciples et celle que le Pape a défini comme celle« des juifs fermés, parce que tous les juifs n'étaient pas comme cela ». « Dans la communauté des disciples, a-t-il expliqué, était mis en œuvre le commandement de Jésus, “Allez et prêchez” et donc on prêchait et presque toute la ville se réunissait pour écouter la parole du Seigneur. Et s'était diffusé entre les gens un climat de bonheur qui semblait ne jamais devoir être vaincu. Lorsque les juifs virent un tel bonheur, ils furent emplis de jalousie et commencèrent à persécuter ces gens qui n'étaient pas mauvais ; c'était des personnes bonnes qui avaient un comportement religieux. »

« Pourquoi l'ont-ils fait ? s'est demandé le Pape. Ils l'ont fait simplement parce qu'ils avaient le cœur fermé, ils n'étaient pas ouverts à la nouveauté de l'Esprit saint. Ils croyaient que tout avait été dit, que tout était comme ils pensaient que ce devait être et donc ils se sentaient comme des défenseurs de la foi. Ils commencèrent à parler contre les apôtres, à calomnier. La calomnie, c'est un comportement que l'on retrouve tout au long de l'histoire : c'est le propre des groupes fermés de faire des compromis avec le pouvoir ; de résoudre les questions "entre nous". Comme l'ont fait ceux qui, le matin de la résurrection, quand des soldats sont allés leur dire : "Nous avons vu cela", leur ont ordonné : "Taisez-vous ! Tenez..." et avec de l'argent, ils ont tout étouffé.

En revanche, la communauté libre, avec la liberté de Dieu et de l'Esprit saint, allait de l'avant. Même dans les persécutions. Et la parole du Seigneur se répandait dans toute la région. Ces frères, ces communautés ouvertes, missionnaires, prient Jésus parce qu'ils savent que ce qu'il a dit et que nous avons entendu à présent est vrai : "Tout ce que vous demanderez en mon nom, je le ferai". La prière est Jésus. Les communautés fermées prient les pouvoirs de la terre pour qu'ils les aident. Et cela n'est pas la bonne voie. Regardons Jésus qui nous envoie évangéliser, annoncer son nom avec joie, emplis de joie. N'ayons pas peur de la joie de l'Esprit. Et ne nous mêlons jamais, jamais, de ces choses qui, à la longue, nous conduisent à nous fermer en nous-mêmes. Dans cette fermeture, on ne trouve pas la fécondité et la liberté de l'Esprit. »

Lundi 29 avril 2013

La confession, une rencontre avec Jésus

Le confessionnal n'est pas une teinturerie qui ôte les taches des péchés, ni une séance de torture où l'on inflige des coups de bâton. En effet, la confession est la rencontre avec Jésus au cours de laquelle on touche du doigt sa tendresse. Mais il faut s'approcher du sacrement sans tromperies ni demi-vérités, avec douceur et joie, confiants et armés de la « bienheureuse honte », la « vertu de l'humble » qui nous fait nous reconnaître pécheurs. C'est à la réconciliation que le pape François a consacré l'homélie de la messe célébrée dans la matinée du lundi 29 avril.

« Voilà ce qui se passe dans le sacrement de la réconciliation, a dit le Saint-Père. De nombreuses fois, nous pensons qu'aller nous confesser est comme aller à la teinturerie. Mais Jésus, dans le confessionnal, n'est pas une teinturerie. La confession est une rencontre avec Jésus qui nous attend tels que nous sommes. "Mais, Seigneur, écoute, je suis ainsi". Nous avons honte de dire la vérité : j'ai fait cela, j'ai pensé cela. Mais la honte est une véritable vertu chrétienne et aussi humaine. La capacité d'avoir honte : je ne sais pas si en italien on le dit ainsi, mais dans notre terre, on dit à ceux qui n'arrivent pas à avoir honte *sinvergüenza*. Cette personne est "sans honte", parce qu'elle n'a pas la capacité d'avoir honte. Et avoir honte est une vertu de l'humble. »

Le pape François a ensuite repris le passage de la lettre de saint Jean. « Ce sont des mots, a-t-il dit, qui invitent à avoir confiance : Le Paraclet est à nos côtés et nous soutient devant le Père. Il soutient notre faible vie, notre péché. Il nous pardonne. Il est vraiment notre défenseur, parce qu'il nous soutient. À présent, comment devons-nous aller auprès du Seigneur, ainsi, avec notre vérité de pécheurs ? Avec confiance et aussi avec joie, sans nous cacher devant Dieu ! Avec la vérité.

En ayant honte ? Bienheureuse honte, celle-ci est une vertu.

Jésus attend chacun de nous, “Venez à moi, vous tous qui peinez et ployez sous le fardeau”, même du péché, “et moi je vous soulagerai. Chargez-vous de mon joug et mettez-vous à mon école, car je suis doux et humble de cœur” (Matthieu 11,25-30). Telle sont les vertus que Jésus nous demande : l’humilité et la douceur.

Humilité et douceur sont comme le cadre d’une vie chrétienne. Un chrétien va toujours ainsi, dans l’humilité et dans la douceur. Et Jésus nous attend pour nous pardonner. Nous pouvons lui poser une question : alors, aller se confesser n’est pas une séance de torture ? Non ! C’est aller louer Dieu, car moi, pécheur, j’ai été sauvé par Lui. Et Lui, il m’attend pour me donner des coups de bâton ? Non, avec tendresse pour me pardonner. Et si demain je fais la même chose ? Tu y vas une autre fois, tu y vas et tu y vas et tu y vas. Il nous attend toujours. Cette tendresse du Seigneur, cette humilité, cette douceur. »

Pour finir, le Pape a invité à avoir confiance dans les paroles de l’apôtre Jean : « Si quelqu’un a péché, nous avons un avocat auprès du Père. Cela nous donne du souffle. C’est beau, n’est-ce pas ? Et si nous avons honte ? Que cette honte soit bénie, car elle est une vertu. Que le Seigneur nous donne cette grâce, ce courage d'aller toujours vers Lui avec la vérité, car la vérité est la lumière. Et pas avec les ténèbres des demi-vérités ou des mensonges devant Dieu. »

Mardi 30 avril 2013

Confier l'Église au Seigneur

La paix, la vraie, ne s'achète pas. C'est un don de Dieu. Un don qu'il fait à son Église. Pour l'obtenir, les chrétiens doivent continuer de confier l'Église à Dieu, en lui demandant d'en prendre soin et de la défendre des pièges du malin, qui offre à l'homme une paix différente, une paix du monde, pas la vraie paix. Tel est le sens de la réflexion proposée par le pape François mardi 30 avril. « Mais nous, a demandé le Pape, prions-nous pour l'Église ? Pour toute l'Église ? Pour nos frères, que nous ne connaissons pas, partout dans le monde ? C'est l'Église du Seigneur, présente partout dans le monde ; et quand, dans notre prière, nous disons au

Seigneur : "Seigneur, veille sur ton Église", nous voulons dire cette Église, l'Église du Seigneur, l'Église qui réunit nos frères. Telle est la prière que nous devons faire avec le cœur et toujours plus. Pour nous, il est facile de prier pour demander une grâce au Seigneur, lorsque nous avons besoin de quelque chose ; et il n'est pas difficile de prier pour rendre grâce au Seigneur ; merci pour... Mais prier pour l'Église, pour ceux que nous ne connaissons pas, mais qui sont nos frères et sœurs, parce qu'ils ont reçu le même baptême, et dire au Seigneur : "ce sont les tiens, ce sont les nôtres... protège-les" est une autre chose : cela signifie confier l'Église au Seigneur ; c'est une prière qui fait croître l'Église, mais c'est aussi un acte de foi. Tel est le danger le plus grand, parce que quand l'Église devient mondaine, quand elle a en elle l'esprit du monde, lorsqu'elle obtient la paix qui n'est pas celle du Seigneur — celle que Jésus nous a assurée en disant "Je vous donne la paix, c'est ma paix que je vous donne" — alors elle devient une Église faible, une Église qui sera vaincue et incapable de porter précisément l'Évangile, le message de la Croix, le scandale de la Croix. Elle ne peut pas le porter si elle est du monde ! C'est pourquoi cette prière est si importante et si forte : confier l'Église au Seigneur.

Il n'est pas habituel pour nous de confier l'Église au Seigneur. Apprenons à confier les personnes âgées, les malades, les enfants, les jeunes au Seigneur, en répétant : "Veille, Seigneur, sur ton Église" : elle est à toi ! Avec cette attitude, il nous donnera, parmi les tribulations, la paix que lui seul peut donner, qui ne s'achète pas ; cette paix qui est un véritable don de la présence de Jésus au milieu de son Église. »

Mercredi 1er mai 2013

Le travail nous donne la dignité

Dans l'homélie du mercredi 1er mai, le pape François a évoqué la dignité de l'homme. « Aujourd'hui, a-t-il dit, nous bénissons saint Joseph comme travailleur : mais ce souvenir de saint Joseph travailleur nous renvoie à Dieu travailleur, à Jésus travailleur. Et ce thème du travail est très, très, très évangélique. "Seigneur, dit Adam, avec le travail nous gagnerons de quoi vivre". Mais il est davantage. Parce que cette première icône de Dieu travailleur nous dit que le travail représente quelque chose de plus que gagner son pain : le travail nous donne la dignité ! Qui travaille est digne, a une dignité particulière, une dignité de personne : l'homme et la femme qui travaillent sont dignes.

Qui ne travaille pas, par conséquent, n'a pas cette dignité. Mais il y a beaucoup de personnes qui veulent travailler et ne le peuvent pas. Et c'est un poids pour notre conscience, parce que quand la société est organisée de cette manière, et que tous n'ont pas la possibilité de travailler, d'être "oints" par la dignité du travail, cette société ne va pas bien : elle n'est pas juste ! Elle va contre Dieu lui-même, qui a voulu que notre dignité commence par là. »

Le Pape s'est ensuite référé aux systèmes sociaux, politiques et économiques qui, dans diverses parties du monde, ont fondé leur organisation sur l'exploitation. « C'est-à-dire qu'ils ont choisi de ne pas payer ce qui est juste et de chercher à obtenir le plus grand profit à tout prix, profitant du travail des autres, sans par ailleurs s'occuper le moins du monde de leur dignité. Cela va contre Dieu ! » Le Pape a alors évoqué l'écroulement d'une usine à Dacca, qui a provoqué la mort de centaines d'ouvriers qui travaillaient dans des conditions caractérisées par l'exploitation et le manque de sécurité. « Un titre dans la presse m'a beaucoup frappé le jour de la tragédie du Bangladesh : "Comment mourir pour 38 € par mois ?" C'est un travail "d'esclave", basé sur "le don le plus beau que Dieu a donné à l'homme : la capacité de créer, de travailler, d'en faire sa dignité. Combien de frères et de sœurs dans le monde sont dans cette situation à cause de ces comportements économiques, sociaux, politiques !" ».

Le Pape a ensuite puisé aux trésors de la sagesse juive pour souligner que la dignité de la personne humaine est une valeur universellement reconnue qu'il faut donc protéger et conserver. « Je me souviens, a-t-il dit, d'un beau récit juif médiéval. Un rabbin parlait à ses fidèles de la construction de la tour de Babel. À cette époque, on construisait avec des briques. Mais pour fabriquer les briques, il fallait beaucoup de temps, non ? Prendre la terre, en faire de la boue, prendre la paille, la faire cuire. Et une brique était une chose précieuse. Les ouvriers portaient chaque brique jusqu'en haut, pour construire la tour de Babel. Lorsqu'une brique tombait par accident, c'était un problème terrible, un scandale : "Regarde un peu ce que tu as fait !". Mais si c'était l'un des ouvriers qui construisaient la tour qui tombait, on disait seulement : "Qu'il repose en paix !" et on le laissait tranquille. La brique était plus importante que la personne ! C'est ce que racontait ce rabbin du Moyen Âge et c'est ce qui se passe aujourd'hui ! Les personnes sont moins importantes que les choses qui rapportent du profit à ceux qui ont le pouvoir politique, social, économique. Nous sommes arrivés au point que nous ne sommes pas conscients de cette dignité de la personne ; de cette dignité du travail. Mais aujourd'hui, la figure de saint Joseph, de Jésus, de Dieu qui travaillent nous enseigne la voie pour marcher vers la dignité. »

Jeudi 2 mai 2013

L'Église du « oui »

L'Église, « communauté du oui » forgée par l'Esprit saint, qui s'oppose à « l'Église du non », qui contraint l'Esprit « à un double travail » : telle a été l'image proposée par le pape François aux personnes qui ont participé à la messe du jeudi 2 mai.

Dans son homélie, le Saint-Père a évoqué l'Église sortie du cénacle après la prière des apôtres avec Marie. Une Église, a-t-il noté, toujours soutenue par l'Esprit saint, et qui s'est diffusée petit à petit partout à travers le monde, en apportant l'annonce aux païens. Le Pape a décrit l'action de l'Église, qui « est allée dans les périphéries de la foi, où on ne croyait pas à l'annonce de Jésus Christ, parce qu'on ne le connaissait pas. Elle est allée prêcher, poussée par l'Esprit saint, qui agit substantiellement de deux manières : d'abord il pousse, ce qui crée aussi certains problèmes, puis il construit l'harmonie de l'Église, à l'intérieur. C'est un mouvement continuel, celui de l'Esprit saint.

Donc les disciples se sont mis en marche et ils ont diffusé la foi à Jérusalem, où sont nés les premiers problèmes, parce qu'entraient en conflit beaucoup d'opinions différentes. Surtout avec ceux qui soutenaient qu'ils auraient dû accepter tout ce qui avait déjà été établi par les docteurs de la Loi. Mais il y en avait d'autres aussi qui croyaient en un accord. Et c'étaient des gens ouverts, qui se sont toutefois trouvés devant une Église du “non, ce n'est pas possible ; non, non, il faut, il faut, il faut”, s'opposant à l'Église du “oui : mais... réfléchissons-y, ouvrons-nous, l'Esprit est là qui ouvre la porte”. Donc, l'Esprit devait faire sa deuxième tâche : établir l'harmonie entre ces positions, l'harmonie de l'Église, entre eux à Jérusalem et entre eux et les païens. C'est un beau travail, que fait toujours l'Esprit saint dans l'histoire. Et lorsque nous ne le laissons pas travailler, alors commencent les divisions dans l'Église, les sectes, etc. parce que nous sommes fermés à la vérité de l'Esprit. »

Le Pape s'est ensuite arrêté sur les paroles de Jacques, évêque de Jérusalem. Celui-ci, après avoir entendu Pierre dire que le Seigneur avait voulu que, par sa bouche, les nations entendent la parole de l'Évangile, et qu'ils se convertissent « sans aucune distinction entre eux et nous », remarque « "comment, dès le début, Dieu a pris soin de tirer d'entre les païens un peuple réservé à son Nom. Ce qui concorde avec les paroles des Prophètes", et il fait sa proposition, d'une grande autorité, puisqu'il était évêque de Jérusalem : "C'est pourquoi je juge, moi, qu'il ne faut pas tracasser ceux des païens qui se convertissent à Dieu". Pourquoi donc "tentez-vous Dieu ?". Devant ce fait, ne tentons pas Dieu "en voulant imposer aux disciples un joug que ni nos pères ni nous-mêmes n'avons eu la force de porter". Et c'est cela le mot-clé : un joug. Quand le service du Seigneur devient un joug si lourd, les portes des communautés chrétiennes sont fermées : personne ne veut venir auprès du Seigneur. Mais nous, en revanche, nous croyons que par la grâce du Seigneur Jésus nous sommes sauvés ». « Ce joug, si lourd, a-t-il une actualité ? Dans l'Église, y a-t-il un joug ? Oui : c'est Jésus lui-même dans l'Évangile que nous avons entendu, qui le dit : "Comme le père vous a aimés, moi aussi je vous ai aimés. Demeurez dans mon amour". La première chose que dit Jésus est : "Demeurez dans mon amour, soyez dans mon amour, l'amour de mon cœur". C'est la première partie ». Et la deuxième est : « "Si vous observez mes commandements vous demeurerez dans mon amour". C'est cela la communauté chrétienne du "oui". »

Vendredi 3 mai 2013

Prier avec courage

Dans l'homélie de la messe du vendredi 3 mai, le souverain pontife a invité à réfléchir à la nécessité de prier avec courage pour obtenir la grâce de la diffusion de la foi dans le monde ; comme toujours, le Pape a utilisé une expression propre à entrer dans le cœur et la mémoire de celui qui l'écoute et à laisser une marque : il a parlé d'une prière courageuse, presque comme un défi pour Jésus, qui a dit : « Et tout ce que vous demanderez en mon nom, je le ferai, afin que le Père soit glorifié dans le Fils. » Prier signifie donc « avoir le courage d'aller auprès de Jésus et de lui demander ainsi : "Mais tu as dit cela, fais-le ! Fais que la foi aille de l'avant" ! »

« Quand les apôtres ont décidé de créer les diacres, a expliqué François, c'était parce qu'ils avaient beaucoup de travail pour assister les veuves, les orphelins et ils se sentaient comme détournés de ce qui était leur devoir : annoncer la Parole et prier. Une tâche qui appartient précisément au ministère épiscopal, mais qui nous concerne aussi, nous tous chrétiens qui avons reçu la foi. Nous devons la transmettre ; nous devons la donner ; nous devons la proclamer avec notre vie, avec notre parole. C'est la transmission de la foi qui va de maison en maison, de famille en famille, de personne en personne. » Comme souvent, le pape François a puisé dans ses souvenirs pour rendre encore plus clair son message et l'ancrer dans la réalité d'une vie vécue : « Je me souviens — pardonnez moi cette anecdote personnelle — quand, enfant, chaque Vendredi saint, ma grand-mère nous amenait à la procession des cierges et à la fin de la procession arrivait le Christ gisant et la grand-mère nous faisait agenouiller et nous disait, à nous les enfants : "Regardez, il est mort, mais demain il sera ressuscité !". La foi est entrée ainsi : la foi dans le Christ mort et ressuscité. » Le Pape a aussi rappelé que beaucoup ont essayé d'amoindrir cette certitude forte et ont parlé d'une résurrection spirituelle. « Mais il n'en est pas ainsi :

Le Christ est vivant ! le Christ est vivant et vivant aussi parmi nous ; c'est précisément à nous que revient la tâche de l'annoncer, d'annoncer la foi avec courage. Mais il y a un autre courage. Jésus — pour le dire de manière un peu forcée — nous met au défi de la prière et dit ainsi : "Tout ce que vous demanderez en mon nom, je le ferai pour que le Père soit glorifié dans le Fils". Si vous demandez quelque chose en mon nom, "je le ferai". Ayons le courage d'aller à Jésus et de lui demander ainsi : "Mais maintenant que tu l'as dit, fais-le ! Fais que la foi avance, fais que l'évangélisation aille de l'avant, fais que ce problème que j'ai soit résolu...". Avons-nous ce courage dans la prière ? Ou bien prions-nous un peu comme ça, comme on peut, pour passer un peu de temps dans la prière ? »

Samedi 4 mai 2013

Se défendre de la haine avec la parole de Dieu

Les chrétiens sont davantage persécutés aujourd'hui qu'aux origines de l'histoire du christianisme. L'origine de toute persécution est la haine du prince de ce monde envers tous ceux qui ont été sauvés et rachetés par Jésus à travers sa mort et sa résurrection. Les seules armes pour se défendre sont la parole de Dieu, l'humilité et la douceur. Samedi 4 mai, le pape François a ainsi indiqué une route à suivre pour apprendre à éviter les pièges du monde. Des pièges qui sont l'œuvre du « diable », « prince de ce monde », « esprit du monde ». Le Pape a centré sa réflexion sur la haine, « une parole forte, a-t-il souligné, utilisée par Jésus. « Précisément la haine. Lui qui est maître d'amour, qui aimait tant parler d'amour, il parle de haine. Mais il aimait appeler les choses par leur nom. Et il nous dit : "N'ayez pas peur ! Le monde vous haïra. Sachez qu'avant vous, c'est moi qu'il a haï". Et il nous rappelle également ce qu'il avait sans doute dit à une autre occasion aux disciples : "Rappelez-vous la parole que je vous ai dite : un serviteur n'est pas plus grand que son maître. S'ils m'ont persécuté, ils vous persécuteront aussi". La voie des chrétiens est la voie de Jésus. Pour le suivre, il n'y en a pas d'autre. Jésus nous a choisis et nous a rachetés. Il nous a choisis par pure grâce. À travers sa mort et sa résurrection, il nous a rachetés du pouvoir du monde, du pouvoir du diable, du pouvoir du prince de ce monde. Telle est l'origine de la haine : nous sommes sauvés et ce prince du monde, qui ne veut pas que nous soyons sauvés, nous hait et fait naître la persécution, qui depuis l'époque de Jésus, continue jusqu'à aujourd'hui. De nombreuses communautés chrétiennes sont persécutées dans le monde. Aujourd'hui, à présent, en ce jour, en cette heure. Pourquoi ? Parce que l'esprit du monde hait.

Avec le prince de ce monde, on ne peut pas dialoguer. Que cela soit clair. Le dialogue est autre chose, il est nécessaire entre nous, il est nécessaire pour la paix. Le dialogue est une habitude, c'est précisément une attitude que nous devons avoir parmi nous pour nous entendre, nous comprendre. Et il doit toujours être maintenu. Le dialogue naît de la charité, de l'amour. Avec ce prince, on ne peut dialoguer, on ne peut que répondre avec la parole de Dieu qui nous défend. »

Lundi 6 mai 2013

L'Esprit saint est un ami

L'Esprit saint est un « ami » qui se fait chaque jour pour nous « compagnon de route ». Pour connaître l'Esprit, surtout pour reconnaître son action dans notre vie, « il est important de pratiquer l'examen de conscience » chaque soir avant de s'endormir.

Le Saint-Père a rappelé le moment où Jésus prit congé des disciples en leur assurant qu'il « ne les laissera pas seuls : "Je vous enverrai l'Esprit saint" ». Avec cette promesse « le Seigneur continue en expliquant qui est l'Esprit saint, ce que fera en nous l'Esprit saint. Et aujourd'hui il dit une chose qui nous fera réfléchir : "il me rendra témoignage". L'Esprit saint est Dieu qui rend témoignage de Jésus Christ en nous. "La vie chrétienne ne peut se comprendre sans la présence de l'Esprit saint : elle ne serait pas chrétienne. Ce serait une vie religieuse, païenne, compatissante", comme celle de celui qui "croit en Dieu, mais sans la vitalité que Jésus veut pour ses disciples" ».

Le Pape a proposé l'exemple de Lydie, la femme qui écoutait Paul : « On dit d'elle que le Seigneur lui ouvrit le cœur pour adhérer aux paroles de Paul. C'est cela que fait l'Esprit saint : il nous ouvre le cœur pour connaître Jésus ». Il agit en nous « tout au long de la journée, pendant toute notre vie, comme témoin qui nous dit où est Jésus ».

Et le meilleur moment pour le découvrir est la fin de la journée, lorsque, suivant une habitude propre aux chrétiens, on fait son examen de conscience. Avant d'aller au lit, le chrétien « pense à ce qui lui est arrivé à ce qu'a dit le Seigneur, ce qu'a fait l'Esprit saint en moi. Ai-je entendu l'Esprit saint, ai-je regardé de l'autre côté ? Cet exercice de l'examen de conscience nous fait du bien parce que cela signifie prendre conscience de ce qu'a fait le Seigneur dans notre cœur ce jour-là, ce qu'a fait justement l'Esprit saint ».

Mardi 7 mai 2013

La joie et la force de supporter patiemment

La joie et la force de supporter patiemment, propres au chrétien, rajeunissent l'homme et aident à accepter et à vivre avec patience les tribulations et les difficultés de la vie.

Les lectures du jour — tirées des Actes des Apôtres (16,22-24) et de l'Évangile de Jean (16,5-11) — ont offert au Pape l'occasion de reproposer l'esprit de patience témoigné par les premiers martyrs chrétiens. Et il a rappelé le témoignage de Paul et Silas qui, jetés en prison, restaient en prière et chantaient des hymnes à Dieu. Les autres prisonniers les écoutaient émerveillés : « Roués de coup et couverts de plaies "ils chantent, ils prient... Des gens un peu bizarres !" Mais eux étaient en paix. Ils étaient aussi joyeux d'avoir souffert quelque chose au nom de Jésus. Ils étaient tranquilles. Ils chantaient, priaient et souffraient. Eux, à ce moment-là, étaient dans cet état d'âme si chrétien, l'état de la patience. Lorsque Jésus commence le chemin de sa Passion, après la Cène, "il entre en patience". Entrer en patience : telle est la route que Jésus nous enseigne, à nous chrétiens. Entrer en patience. Mais cela ne veut pas dire être tristes. Non, non, c'est autre chose ! Cela veut dire supporter patiemment, porter sur ses épaules le poids des difficultés, le poids des contradictions, le poids des tribulations. La vertu chrétienne de supporter témoignée par Paul et Silas est un processus de maturité chrétienne à travers le chemin de la patience ; pour qu'il s'accomplisse il faut toutefois du temps. »

Mercredi 8 mai 2013

N'exclure personne

Jésus n'a exclu personne. Il a construit des ponts, non des murs. Son message de salut s'adresse à tous. Mercredi 8 mai, au cours de la Messe, le pape François s'est ainsi arrêté sur l'attitude du bon évangélisateur : ouvert à tous, prêt à écouter tout le monde, sans exclusion. « Fort heureusement, à présent, c'est une bonne période dans la vie de l'Église : ces cinquante, soixante dernières années, sont une belle époque. Parce que je me souviens quand j'étais enfant, on entendait dans les familles catholiques, dans la mienne aussi : “Non, on ne peut pas aller chez eux, parce qu'ils ne sont pas mariés à l'Église”. C'était comme une exclusion. Non, tu ne pouvais pas y aller ! Ou parce qu'ils sont socialistes ou athées, nous ne pouvions pas y aller. Mais à présent, grâce à Dieu, on ne le dit plus ».

L'exemple proposé par le Pape est celui de l'apôtre Paul qui dans l'aréopage (*Ac* 17,15.22–18,1) annonce Jésus Christ au milieu des adorateurs des idoles. L'important, selon le Pape, c'est la manière dont il le fait : « Il ne dit pas : "Idolâtres ! Vous irez en enfer…", mais il essaie de toucher leur cœur ; il ne condamne pas dès le début, il cherche le dialogue. Paul est un *pontife*, un constructeur de ponts. Paul est courageux et cela nous fait réfléchir sur l'attitude d'un chrétien. Un chrétien doit annoncer Jésus Christ de manière à ce que Jésus Christ soit accepté, reçu, pas refusé. "Quand il viendra, lui, l'Esprit de vérité, il vous introduira dans la vérité tout entière" (*Jn* 16,12-15). La vérité, par conséquent, n'entre pas dans une encyclopédie ; elle est plutôt la rencontre avec la vérité suprême : Jésus, la grande vérité. Personne n'est le maître de la vérité et la vérité ne peut être gérée comme cela nous arrange, on ne peut pas l'instrumentaliser, pas même pour se défendre. »

Enfin, « Paul agit ainsi parce qu'il était sûr, sûr de Jésus Christ. Il ne doutait pas de son Seigneur. Les chrétiens qui ont peur de lancer des ponts et préfèrent construire des murs, sont des chrétiens qui ne sont pas sûrs de leur foi, qui ne sont pas sûrs de Jésus Christ. Paul enseigne quel doit être le chemin de l'évangélisation, à suivre avec courage. Et quand l'Église perd ce courage apostolique, elle devient une Église à l'arrêt. Ordonnée, belle : c'est très beau mais sans fécondité, parce qu'elle a perdu le courage d'aller dans les périphéries, là où il y a de très nombreuses personnes victimes de l'idolâtrie, de la mondanité, de la pensée faible. »

Vendredi 10 mai 2013

La joie chrétienne

Le pape François a voulu décrire d'une certaine façon son état d'âme au moment de la visite de Sa Sainteté Tawadros II, pape d'Alexandrie, et partager sa joie avec les fidèles.

« Aujourd'hui, il y a un beau motif de joie, dans cette maison où est accueilli le pape d'Alexandrie, le patriarche de l'Église de Marc. C'est un frère qui vient rendre visite à l'Église de Rome, pour parler, pour faire un bout de chemin avec nous. C'est un frère évêque, évêque comme Balthazar, comme moi : un évêque, et il conduit une Église. Demandons au Seigneur de le bénir et de l'aider dans son ministère de conduire l'Église copte ; et pour nous également, afin que nous sachions parcourir ensemble ce bout de chemin. C'est une vraie joie, une petite joie d'aujourd'hui. Rendons grâce au Seigneur pour cette joie ».

La réflexion sur la joie a été inspirée au pape par le passage de l'Évangile de Luc (24,50-53) dans lequel on parle de l'Ascension du Seigneur et où il est question des disciples qui « sont revenus à Jérusalem emplis de joie. Le don de Jésus n'était pas une certaine nostalgie » mais « une joie ». Cette joie que doivent cultiver et dont doivent témoigner aujourd'hui encore les chrétiens. La joie que Jésus avait promise aux disciples : la joie chrétienne. Et il les avait rassurés : personne ne pourrait la leur ôter. « Mais quelle est cette joie ? Est-ce l'allégresse ? Non ce n'est pas la même chose. L'allégresse est une bonne chose, se réjouir est bon. Mais la joie est quelque chose de plus. Elle ne vient pas des raisons du moment, c'est quelque chose de plus profond. C'est un don. La joie est un don du Seigneur. Elle nous remplit de l'intérieur. C'est comme une onction de l'Esprit. Et cette joie est dans la certitude que Jésus est avec nous et avec le Père. L'autre jour, j'ai dit que Paul allait prêcher, ils établissaient des ponts parce qu'il était sûr de Jésus. C'est cette même certitude qui nous donne la joie. Une certitude que nous pouvons mettre sous cloche pour l'avoir toujours avec nous ? Non, car si nous voulons avoir cette joie seulement pour nous, à la fin, elle tombe malade et notre cœur se froisse et notre visage ne transmet pas cette grande joie, mais une nostalgie, une mélancolie qui n'est pas saine. Parfois, ces chrétiens mélancoliques ont davantage le visage de piments au vinaigre que de personnes qui sont joyeuses et ont une belle vie.

La joie est un don qui marche, qui marche sur la route de la vie, qui marche avec Jésus : prêcher, annoncer Jésus, la joie, allonge et élargit la route. Et c'est une vertu des grands, de ces grands qui sont au-dessus de la petitesse, qui sont au-dessus de ces petitesses humaines, qui ne se laissent pas entraîner dans ces petites choses à l'intérieur de la communauté, de l'Église ; ils regardent toujours vers l'horizon. »

Samedi 11 mai 2013

L'exode chrétien

« Les plaies de Jésus sont encore présentes sur la terre et pour les reconnaître, il est nécessaire de sortir de nous-mêmes et d'aller à la rencontre de nos frères indigents, des malades, des personnes ignorantes, pauvres, exploitées. » C'est cet « exode » que le Pape a indiqué aux chrétiens. Il s'agit de « sortir de nous-mêmes », ce qui est possible par la prière « vers le Père au nom de Jésus ». Mais comment reconnaître ces plaies de Jésus ? Comment est-il possible d'avoir confiance dans ces plaies si on ne les connaît pas ? Et quelle est « l'école où l'on apprend à connaître les plaies de Jésus, ces plaies sacerdotales, d'intercession ? ». La réponse du Pape a été explicite : « Si nous ne réussissons pas à effectuer cette sortie de nous-mêmes vers ces plaies, nous n'apprendrons jamais la liberté qui nous conduit vers l'autre sortie de nous-mêmes, vers les plaies de Jésus ». D'où l'image des deux « sorties de nous-mêmes » indiquées par le Saint-Père : la première est « vers les plaies de Jésus, l'autre vers les plaies de nos frères et sœurs. Et telle est la route que Jésus veut dans notre prière ». Des paroles qui trouvent confirmation dans l'Évangile de Jean (16,23-28) de la liturgie du jour. Un passage dans lequel Jésus est d'une clarté désarmante : « En vérité, en vérité je vous le dis : si vous demandez quelque chose au Père en mon nom, Il vous la donnera. » Dans ces mots, il y a une nouveauté : « En mon nom ». Que signifie demander au nom de Jésus ? C'est une nouveauté que Jésus révèle précisément « au moment où il quitte la terre et retourne au Père ». Lors de l'Ascension, célébrée jeudi dernier, un passage de la Lettre aux Hébreux a été lu, où il est dit entre autres : « Parce que nous avons la liberté d'aller au Père. » Il s'agit d'une nouvelle liberté. Les portes sont ouvertes : « Jésus, en allant au Père, a laissé la porte ouverte. » Non parce « qu'il a oublié de la fermer », mais parce qu'« il est lui-même la porte. » C'est lui « notre intercesseur, et c'est pourquoi il dit : “En mon nom”. » Dans notre prière, caractérisée par « ce courage que nous donne Jésus lui-même », demandons alors au Père au nom de Jésus : « Regarde ton Fils et fais cela pour moi ! ».

Lundi 13 mai 2013

Le Saint-Esprit, cet inconnu

On aurait envie de dire « Le Saint-Esprit, cet inconnu », en pensant aux si nombreuses personnes qui encore aujourd'hui « ne savent pas bien expliquer qui est l'Esprit saint » et « disent : "Je ne sais pas quoi faire !" avec lui, ou disent : "L'Esprit saint est la colombe, celui qui nous offre les sept dons". Mais ainsi, le pauvre Esprit saint est toujours le dernier et ne trouve pas la bonne place dans notre vie ». Ainsi, encore une fois, le pape François, a centré son homélie sur la figure de l'Esprit saint, en mettant en évidence la mauvaise connaissance qu'en ont encore aujourd'hui beaucoup de chrétiens. Le Pape s'est inspiré du récit de la rencontre de Paul avec plusieurs apôtres à Éphèse, au cours de laquelle à la question de savoir s'ils avaient reçu l'Esprit saint, ils répondirent n'avoir jamais même entendu parler de son existence. Pour expliquer l'épisode, le Saint-Père a eu recours, au récit d'un moment de son expérience personnelle : « Je me rappelle un jour, lorsque j'étais curé de la paroisse du patriarche San José, à San Miguel, durant la messe pour les enfants, le jour de la Pentecôte, j'ai posé la question : "Qui d'entre vous sait qui est l'Esprit saint ?". Et tous les enfants levaient la main. L'un d'eux a répondu : "Le paralytique !". Il m'a dit comme ça. Il avait entendu le "paraclet", et il avait compris le "paralytique" ! C'est ainsi : l'Esprit saint est toujours un peu l'inconnu de notre foi. Jésus dit de lui aux apôtres : "Je vous enverrai l'Esprit saint : il vous enseignera toute chose et vous rappellera tout ce que j'ai dit". Pensons à ce dernier : l'Esprit saint est Dieu, mais c'est Dieu actif en nous, qui nous fait nous souvenir. Dieu qui fait se réveiller la mémoire. L'Esprit saint nous aide à faire mémoire. Et c'est très important, de faire mémoire, parce qu'un chrétien sans mémoire n'est pas un vrai chrétien : c'est un homme ou une femme prisonnier de l'instant, qui n'a pas d'histoire. Il en a une, mais ne sait pas tirer parti de son histoire. L'Esprit saint nous l'enseigne. La mémoire qui « vient du cœur est une grâce de l'Esprit saint. »

Mardi 14 mai 2013

La vie, un don à donner aux autres

L'égoïsme ne conduit nulle part. L'amour, en revanche, libère. C'est pourquoi celui qui est capable de vivre sa vie comme « un don à donner aux autres » ne demeurera jamais seul et ne connaîtra jamais « le drame de la conscience isolée », proie facile de ce « Satan mauvais payeur » toujours « prêt à tromper » celui qui choisit sa voie. Tel est le message du pape François. Il a commencé en rappelant qu'en ce temps d'attente de l'Esprit saint revient le concept de l'amour, le commandement nouveau : « Jésus dit une parole forte : "personne n'a un amour plus grand que celui-ci : donner sa vie pour ses amis". L'amour plus grand : donner sa vie. L'amour emprunte toujours cette voie : donner sa vie. Vivre la vie comme un don, un don à donner. Non pas un trésor à conserver. Et Jésus l'a vécu ainsi, comme don. » À ce sujet, le Pape a évoqué la figure de Judas, qui a une attitude opposée à celui qui aime, parce que « le pauvre, il n'a jamais compris ce qu'était un don ». Judas était l'un de ces hommes qui n'accomplissent jamais un geste d'altruisme et qui vivent toujours dans la sphère de leur moi, sans se laisser « saisir par les belles situations ». Une attitude qui, en revanche, est le propre de « Madeleine, qui lave les pieds de Jésus avec le nard, de grand prix ». Il faut donc choisir entre deux voies : vivre sa vie pour soi ou la vivre comme un don.

Mercredi 15 mai 2013

Quand les bergers deviennent des loups

Les évêques et les prêtres qui se laissent gagner par la tentation de l'argent et de la vanité du carriérisme, de bergers qu'ils sont se transforment en loups « qui mangent la chair de leurs brebis ». Le pape François n'a pas hésité à stigmatiser le comportement de ceux qui, a-t-il dit en citant saint Augustin, « prennent la viande à la brebis pour la manger, profite d'elle ; font des négoces et sont attachés à l'argent ; deviennent avares et parfois même simoniaques. Ou profitent de la laine par vanité, pour s'en vanter ». Pour dépasser ces « véritables tentations », les évêques et les prêtres doivent prier, mais ont aussi besoin de la prière des fidèles. C'est ce que le Pape a demandé aux fidèles.

Le Saint-Père a commenté la relation entre Paul et les fidèles d'Éphèse, c'est-à-dire la relation entre l'évêque et son peuple, « faite d'amour et de tendresse ». On parle aussi de cette relation dans l'Évangile de Jean (17,11-19), « où il y a certains mots clés », a expliqué le Pape, que le Seigneur adresse aux disciples : « soyez attentifs » ; « soyez vigilants » « veillez sur le peuple » ; « bâtissez, défendez ». Et « Jésus dit au Père : "sanctifie" ». Ce sont des mots et des gestes qui expriment justement une relation de protection, d'amour entre Dieu et le pasteur et entre le pasteur et le peuple. « C'est un message pour nous évêques, pour les prêtres et pour les curés. Jésus nous dit : "Veillez sur vous-mêmes et sur toute la création". L'évêque et le prêtre doivent être vigilants, veiller précisément sur leur peuple. Et soigner leur peuple, le faire croître. Faire aussi la sentinelle pour l'avertir quand arrivent les loups. Tout cela indique une relation très importante entre l'évêque, le prêtre et le peuple de Dieu. En fin de compte, un évêque n'est pas évêque pour lui-même, il l'est pour le peuple ; et un prêtre n'est pas prêtre pour lui-même, il l'est pour le peuple. Une relation très belle basée sur l'amour réciproque. Et ainsi l'Église devient unie.

Mais nous aussi, nous sommes des hommes et nous sommes pécheurs : nous pouvons tous être pécheurs et nous sommes aussi tentés. Quelles sont les tentations de l'évêque et du prêtre ? Saint Augustin, en commentant le prophète Ézéchiel, parle de deux tentations : la richesse, qui peut devenir avarice, et la vanité. Et il dit : "Quand l'évêque, le prêtre profite des brebis pour lui-même, le mouvement change : ce n'est pas le prêtre, l'évêque pour le peuple, mais le prêtre et l'évêque qui prend au peuple". »

Jeudi 16 mai 2013

À l'exemple de saint Paul

Par son témoignage de vérité, le chrétien doit « gêner nos structures confortables, même s'il doit récolter des problèmes, parce qu'animé par une saine folie spirituelle pour toutes les périphéries existentielles. À l'exemple de saint Paul, qui passait d'une bataille rangée à une autre, les croyants ne doivent pas se réfugier dans une vie tranquille ou dans les compromis : aujourd'hui, dans l'Église, il y a trop de chrétiens de salon, ceux qui sont éduqués, tièdes, pour lesquels tout va bien, mais qui n'ont pas en eux l'ardeur apostolique ». C'est un appel fort à la mission, non seulement dans les terres lointaines, mais aussi dans les villes, que le pape François a lancé lors de la messe du 16 mai. Point de départ de sa réflexion : les « batailles rangées » de saint Paul. « Des batailles qu'il a un peu provoquées lui-même, avec sa ruse. Quand il s'est rendu compte de la division entre ceux qui l'accusaient, entre sadducéens et pharisiens. Il a fait en sorte qu'ils aillent l'un contre l'autre. Mais toute la vie de Paul allait de bataille rangée en bataille rangée, de persécution en persécution. Une vie avec beaucoup d'épreuves, parce que le Seigneur aussi avait dit que cela aurait été son destin ; un destin avec beaucoup de croix, mais lui va de l'avant ; il regarde le Seigneur et il va de l'avant. Le zèle apostolique n'est pas un enthousiasme en vue d'avoir le pouvoir, en vue d'avoir quelque chose. C'est quelque chose qui vient de l'intérieur et que le Seigneur lui-même veut de nous : chrétien avec le zèle apostolique. Et d'où vient ce zèle apostolique ? Il vient de la connaissance de Jésus Christ. Paul a trouvé Jésus Christ, il a rencontré Jésus Christ, mais pas avec une connaissance intellectuelle, scientifique, c'est important parce qu'elle nous aide, mais avec cette connaissance première, celle du cœur, de la rencontre personnelle. Celui qui veille sur le zèle apostolique, c'est l'Esprit saint ; qui fait croître le zèle apostolique, c'est l'Esprit saint : il nous donne ce feu intérieur pour aller de l'avant dans l'annonce de Jésus Christ. Nous devons lui demander la grâce du zèle apostolique. Et cela vaut non seulement pour les missionnaires, qui font très bien leur travail : des hommes et des femmes qui vont de l'avant, qui ont cette ferveur. Mais dans l'Église, il y a aussi les chrétiens tièdes, qui ne ressentent pas le besoin d'aller de l'avant. Il y a aussi des chrétiens de salon. Ceux qui sont polis, pour lesquels tout va bien, mais qui ne savent pas donner de fils à l'Église pour annoncer avec de la ferveur apostolique ». Le Pape a ensuite invoqué le Saint-Esprit pour qu'il « nous donne cette ferveur apostolique à nous tous : qu'il nous donne aussi la grâce de bousculer les choses qui sont trop tranquilles dans l'Église ; la grâce d'aller de l'avant vers les périphéries existentielles. L'Église a un grand besoin de cela ! Non seulement dans les terres lointaines, dans les Églises jeunes, chez les peuples qui ne connaissent pas encore Jésus Christ, mais aussi ici, en ville, en ville précisément, ils ont besoin de cette annonce de Jésus Christ. Demandons donc au Saint-Esprit cette grâce du zèle apostolique : des chrétiens avec le zèle apostolique. »

Vendredi 17 mai 2013

Être pécheurs n'est pas un problème

Être pécheurs n'est pas un problème ; ce qui l'est, c'est plutôt ne pas se repentir d'avoir péché, ne pas éprouver de honte pour ce que l'on a fait. Le pape François a reparcouru dans son homélie du 17 mai l'histoire des rencontres de Pierre avec Jésus, et en a proposé une lecture particulière. « Jésus, a-t-il observé, confie son troupeau à un pécheur, Pierre. Pécheur, mais pas corrompu. Il est pire d'être corrompu que pécheur. » Le Pape a souligné le dialogue d'amour qui se développe entre Pierre et Jésus à travers leurs rencontres fréquentes après le premier « Suis-moi ! », lorsque son frère André l'a conduit à Jésus qui, après l'avoir regardé, dit : « "Mais tu es Simon ?" "À partir de maintenant, tu t'appelleras Céphas, ce qui signifie Pierre" ». Ce fut le début d'une mission, a-t-il expliqué, même si « Pierre n'avait rien compris, mais la mission existait ». Le Saint-Père a ensuite poursuivi la description des diverses rencontres entre le Seigneur et les disciples, jusqu'à ce que les regards de Jésus et de Pierre se croisent à nouveau après que ce dernier, comme l'avait prévu le Maître, l'a renié par trois fois. « Ce regard de Jésus, si beau, si beau ! Et Pierre pleure. Telle est l'histoire des rencontres au cours desquelles Jésus façonne dans l'amour l'âme de Pierre. Pierre avait un cœur grand et cela le conduit à une rencontre nouvelle avec Jésus, à la joie du pardon, ce soir-là, lorsqu'il a pleuré. Le Seigneur ne revient pas sur ce qu'il avait promis, c'est-à-dire : "Tu es pierre", et même à ce moment, il lui dit : "Pais mon troupeau" et il confie son troupeau à un pécheur. » Le pape François a ensuite raconté un épisode de sa vie : « Un jour, j'ai entendu parler d'un prêtre, un bon curé qui travaillait bien ; il a été nommé évêque, mais il avait honte, car il ne se sentait pas digne, il avait un tourment spirituel. Il est allé voir son confesseur. Le confesseur l'a écouté, puis il lui a dit : "N'aie donc pas peur. Si Pierre, qui en a fait de belles, a été fait Pape, toi, ne t'inquiète pas !". C'est parce que le Seigneur est ainsi. Il nous fait mûrir à travers de nombreuses rencontres avec lui, même avec nos faiblesses, quand nous le reconnaissons ; avec nos péchés. »

Samedi 18 mai 2013

Les chrétiens qui commèrent

Après les « chrétiens de salon », ce sont les « chrétiens qui commèrent » qui sont au cœur du nouvel appel du pape François. Il s'adresse à ceux qui ont perdu le sens de leur appartenance à l'Église, au peuple de Dieu. Lors de la messe du 18 mai, le Pape a souligné les « mauvaises habitudes » qui s'ajoutent aux « bonnes manières » dont témoignent de si nombreux chrétiens. Et parmi les mauvaises habitudes, précisément celle de s'écorcher l'un l'autre avec des mots, à travers la désinformation et la calomnie. « Les commérages, a-t-il conclu, sont destructeurs dans l'Église. » Jésus parlait beaucoup avec Pierre et avec tous les autres, tout comme les apôtres parlaient entre eux et avec les autres, mais il s'agissait « d'un dialogue d'amour ». Jésus avait demandé à plusieurs reprises à Pierre « s'il l'aimait, s'il l'aimait plus que les autres. Pierre avait dit oui et le Seigneur lui a donné comme mission : pais mes brebis ». Cela a été précisément « un dialogue d'amour », mais à un certain point, a expliqué le Saint-Père, Pierre a eu la tentation de s'immiscer dans la vie d'un autre, Judas, et après avoir su qu'il aurait trahi, il demanda à Jésus la raison pour laquelle il lui permettait de le suivre encore. « Jésus une autre fois lui fit un reproche : “que t'importe ?” (*cf. Jn* 21,20-25). Ne t'immisce pas dans la vie de l'autre. Que t'importe si c'est ce que je veux ? ». Pierre, a expliqué le Pape, est un homme et donc il subit lui aussi la tentation d'interférer dans la vie des autres, c'est-à-dire « comme on dit de manière courante, de mettre son nez partout ». À nous aussi, dans notre vie chrétienne, cela arrive ; « combien de fois sommes-nous tentés de faire cela ? Le dialogue, ce dialogue avec Jésus, est dévié sur une autre voie. Et le fait de s'immiscer dans la vie des autres a de nombreuses modalités ». Le pape en a souligné deux : se comparer toujours aux autres et les commérages. La comparaison, a-t-il expliqué, est de toujours se demander

« pourquoi cela à moi et non à celui-ci ? Dieu n'est pas juste ! ». Pour clarifier le concept, il a cité en exemple la petite Thérèse qui, « quand elle était enfant, a eu la curiosité de comprendre pourquoi Jésus ne semblait pas juste : à un il donnait beaucoup, et à l'autre bien peu. Elle était une enfant et elle a posé la question à sa sœur aînée et cette dernière — sage cette sœur ! — a pris un dé à coudre et un verre. Elle les a remplis d'eau tous les deux et puis a demandé : dis-moi Thérèse, quel est le plus plein des deux ? Mais tous les deux sont pleins ! Et Jésus est comme cela avec nous : cela ne l'intéresse pas si tu es grand, petit. Ce qui l'intéresse c'est si tu es plein d'amour de Jésus et de la grâce de Jésus ! C'est ainsi que Jésus fait avec nous ». Lorsque l'on fait des comparaisons, « on termine dans l'amertume et l'envie. Ce que le diable veut. On commence en louant Jésus et puis sur ce chemin de comparaison, on termine dans l'amertume et l'envie ». La deuxième modalité à laquelle s'est référé le Saint-Père est constituée par les commérages. On commence par beaucoup d'éducation : « Mais moi, je ne veux parler mal de personne mais il me semble que... » et puis on termine par « écorcher son prochain ». « Combien de commérages dans l'Église ! Combien nous commérons, nous, chrétiens, et le commérage signifie justement écorcher, se faire du mal l'un l'autre, comme si l'on voulait rabaisser l'autre pour s'élever soi-même. Les commérages sont destructeurs dans l'Église. C'est un peu l'esprit de Caïn : tuer son frère, avec la langue. Mais sur cette voie, nous devenons des chrétiens aux bonnes manières et aux mauvaises habitudes ! ». Le Pape a ensuite énoncé les trois comportements négatifs : la désinformation, à savoir « dire seulement la moitié qui nous convient et pas l'autre moitié » ; puis la diffamation et enfin la calomnie : « Dire des choses qui ne sont pas vraies. Cela, c'est vraiment tuer son frère ! ».

Lundi 20 mai 2013

Surmonter notre incrédulité

Les miracles existent encore aujourd'hui. Mais pour permettre au Seigneur de les accomplir, il faut une prière courageuse, capable de surmonter cette « sorte d'incrédulité » qui loge dans le cœur de chaque homme, même l'homme de foi. Une prière surtout pour ceux qui souffrent à cause des guerres, des persécutions et de tout autre drame qui secoue la société d'aujourd'hui. Mais la prière doit « agir concrètement », c'est-à-dire toucher notre personne et engager toute notre vie, pour surmonter l'incrédulité. Telle est la recommandation confiée par le pape François lors de la messe du 20 mai. Le Pape a proposé une réflexion sur l'incrédulité à partir du récit de l'Évangile de

Marc (9,14-29) sur un jeune possédé par l'esprit du malin et libéré par le Christ. « Ce n'est pas la première fois que Jésus se plaint de l'incrédulité : O générations incrédules ! Il l'a dit tant de fois ; et il a beaucoup souffert pour cette incrédulité à l'égard de ses paroles, de son message. On l'aimait. La foule allait le saluer. Ils l'aimaient, mais jusqu'à un certain point. Ils ne risquaient pas trop dans leur foi pour lui. Ils ne risquaient pas. Et Jésus souffrait à cause de cela. » En revenant sur l'épisode évangélique, le Saint-Père a évoqué la question des disciples qui n'avaient pas réussi à chasser l'esprit malin du jeune : « Mais pourquoi n'avons-nous pas pu le chasser, nous ? Cette sorte de démon, explique Jésus, ne peut être chassée d'aucune façon si ce n'est par la prière. Et le père de l'enfant a dit : Je crois Seigneur, aide mon incrédulité. Sa prière a été une prière forte ; et cette prière, humble et forte, fait que Jésus peut accomplir le miracle. La prière pour demander une action extraordinaire doit être une prière qui nous touche tous, comme si nous engagions toute notre vie dans ce sens. Dans la prière, il faut s'engager activement. » Le Pape a ensuite raconté un épisode survenu en Argentine : « Je me souviens d'une chose qui est arrivée il y a trois ans dans le sanctuaire de Luján. Une enfant de 7 ans était tombée malade, mais les médecins ne trouvaient pas de solution. Son état empirait toujours plus, jusqu'à ce qu'un soir, les médecins déclarent qu'il n'y avait plus rien à faire et qu'il ne lui restait que quelques heures à vivre. Le père, qui était électricien, un homme de foi, est devenu comme fou. Et poussé par cette folie, il s'est rendu au sanctuaire de Luján, deux heures et demie de bus, à soixante-dix kilomètres de distance. Il est arrivé à 9 heures du soir et tout était fermé. Et il a commencé à prier, les mains agrippées au portail de fer. Il priait et pleurait. Il est resté comme ça toute la nuit. Cet homme luttait avec Dieu. Il luttait vraiment avec Dieu pour la guérison de son enfant. Puis, à 6 heures du matin, il est allé au terminal et il a repris le bus. Il est arrivé à l'hôpital à 9 heures, plus ou moins. Il a trouvé sa femme qui pleurait et a imaginé le pire. Qu'est-ce qui est arrivé ? Je ne comprends pas. Qu'est-ce qui est arrivé ? “Les médecins sont venus, lui a répondu sa femme, et ils m'ont dit que la fièvre est tombée, elle respire normalement, il n'y a plus rien. Ils la garderont encore deux jours seulement. Mais ils ne comprennent pas ce qui s'est passé”. Oui, cela arrive encore. Les miracles arrivent. Mais la prière est nécessaire ! Il faut une prière courageuse, comme celle de tant de personnes qui ont la foi et qui prient, prient avec la foi. La prière fait des miracles, mais nous devons y croire : je crois Seigneur ! Aide mon incrédulité. Nous avons tous dans le cœur une sorte d'incrédulité. Disons au Seigneur : je crois, je crois ! Tu peux ! Aide mon incrédulité. Et lorsqu'on nous demande de prier pour tant de personnes qui souffrent dans les guerres, dans leur condition de réfugiés, dans tous ces drames, prions, mais avec le cœur, et disons : Seigneur, fais-le. Je crois, Seigneur. Mais aide mon incrédulité. »

Mardi 21 mai 2013

Le véritable pouvoir est le service

Le véritable pouvoir est le service. Un concept que le pape François a déjà exprimé en d'autres occasions et qu'il a réaffirmé mardi 21 mai, au cours de la messe, en commentant le passage de l'Évangile de Marc (9,30-37) proclamé au cours de la liturgie. L'écho des nouvelles tragiques parvenues des États-Unis — où une violente tornade a dévasté Oklahoma City — a retenti au cours de la célébration au moment de la prière des fidèles.

Dans le récit évangélique, Jésus traverse la Galilée en compagnie de ses disciples et leur parle de sa passion : « Le fils de l'homme est remis entre les mains des hommes qui le tueront », mais après trois jours il ressuscitera. « Il parlait à ses disciples, a expliqué le Saint-Père, de cette réalité, de ce qu'il devait faire, de son service, de la passion. Mais eux ne comprenaient pas ces paroles ; ils étaient à un autre niveau, ils discutaient entre eux. Et le Seigneur le savait. Si bien que, quand ils arrivèrent à Capharnaüm, il leur demanda : De quoi parliez-vous sur la route ? Et eux se taisaient car ils avaient honte. En effet, sur la route ils avaient discuté de celui qui était le plus grand d'entre eux. La lutte pour les pouvoirs dans l'Église n'appartient pas qu'à notre époque, n'est-ce pas ? Elle a commencé là, précisément avec Jésus. » Alors que le Seigneur parlait de la Passion, les disciples pensaient à discuter sur celui d'entre eux qui était le plus important, au point de mériter « le plus gros morceau » de ce que le Pape a comparé à un gâteau à partager. Mais dans l'Église il ne doit pas en être ainsi, a affirmé l'Évêque de Rome. Donc, dans l'optique de l'Évangile, « la lutte pour le pouvoir dans l'Église ne doit pas exister. Ou, si nous voulons, il faut qu'elle soit la lutte pour le pouvoir véritable, c'est-à-dire celui que Lui, à travers son exemple, nous a enseigné : le pouvoir du service. Le véritable pouvoir est le service. Comme il l'a fait lui, qui n'est pas venu se faire servir, mais pour servir. Et son service a été précisément un service de la croix : il s'est abaissé, jusqu'à la mort, la mort en croix, pour nous ; pour nous servir, pour nous sauver. »

Dans l'Église, il n'y a aucune autre route pour aller de l'avant. « Pour le chrétien, a précisé le Pape, aller de l'avant, progresser, signifie s'abaisser. Si nous n'apprenons pas cette règle chrétienne, nous ne pourrons jamais comprendre le véritable message chrétien sur le pouvoir. » Progresser veut donc dire être toujours au service. Dans les *Exercices spirituels*, saint Ignace, « nous fait demander au Seigneur crucifié la grâce des humiliations : Seigneur je veux être humilié, pour mieux te ressembler. Tel est l'amour, tel est le pouvoir de service dans l'Église. Et on sert mieux les autres sur la route de Jésus ».

Mercredi 22 mai 2013

Personne ne doit tuer au nom de Dieu

Personne ne doit tuer au nom de Dieu. En revanche, chaque homme non seulement peut, mais doit, faire le bien, quelle que soit la foi qu'il professe, car « il a en lui le commandement de faire le bien » dans la mesure où il est « créé à l'image de Dieu ». Telle est, en synthèse, la réflexion proposée mercredi 22 mai par le pape François.

Le passage de l'Évangile de Marc (9,38-40) rapporte la plainte des disciples contre une personne qui faisait le bien, mais qui n'appartenait pas à leur groupe. « Jésus les corrige : Ne l'en empêchez pas, laissez-lui faire le bien. Les disciples, sans réfléchir, voulaient se refermer autour d'une idée : nous seuls pouvons faire le bien, car nous avons la vérité. Et tous ceux qui n'ont pas la vérité ne peuvent pas faire le bien. Dans ce cas, les disciples étaient un peu intolérants, mais Jésus élargit l'horizon et nous pouvons penser qu'il dit : si celui-ci peut faire le bien, tous peuvent faire le bien. Penser que tous ne peuvent pas faire le bien est une fermeture, un mur qui nous mène à la guerre et à ce que certains ont pensé dans l'histoire : tuer au nom de Dieu. En effet, dire que l'on peut tuer au nom de Dieu est un blasphème. Nous avons été rachetés avec le sang du Christ, tous, pas seulement les catholiques. Tous. Et les athées ? Eux aussi, tous. C'est ce sang qui fait de nous des fils de Dieu. Voilà pourquoi nous avons tous le devoir de faire le bien. »

Voilà aussi « une belle route vers la paix ». En effet, si chacun fait sa partie de bien, et le fait à l'égard des autres, « nous nous rencontrons en faisant le bien ». Et ainsi, nous construisons la « culture de la rencontre ; nous en avons tant besoin ». Aucune fermeture donc, à l'égard des athées et de celui qui pense de manière différente : « Fais le bien, nous nous rencontrons là, car sur ce chemin de vie, le Seigneur parlera à chacun dans son cœur. Faire le bien est un devoir, est une carte d'identité que notre Père a donnée à tous, car il nous a faits à son image et ressemblance. Et lui fait toujours le bien.

Je voudrais demander aujourd'hui au Seigneur cette grâce pour tous. Découvrir le commandement que nous recevons tous : fais le bien, ne fais pas le mal, et travailler sur cette manière de nous rencontrer en faisant le bien. Une route que chacun peut parcourir. D'ailleurs, aujourd'hui, c'est la sainte Rita, patronne des causes impossibles. »

Jeudi 23 mai 2013

Ce sel qui donne de la saveur

Le chrétien, selon la métaphore évangélique de Matthieu (5,13-14), est appelé à être le sel de la terre. Mais s'il ne transmet pas la saveur que le Seigneur a donnée, il se transforme en « un sel insipide » et devient « un chrétien de musée ». Voilà ce qu'a affirmé le Pape lors de la messe célébrée jeudi 23 mai.

L'Évangile du jour (Mc 9,41-50) a inspiré au Saint-Père une réflexion sur une particularité qui caractérise les chrétiens : être pour le monde ce que le sel est pour la ménagère et pour celui qui apprécie la saveur des choses. « Le sel est une bonne chose, a commencé le Pape. Une bonne chose que le Seigneur a créée, mais si le sel devient insipide, avec quoi donnerez-vous de la saveur ?

On parle du sel de la foi, de l'espérance et de la charité. Comment faire pour que le sel ne perde pas sa force ? Pour commencer, la saveur du sel chrétien naît de la certitude de la foi, de l'espérance et de la charité venant de la conscience que Jésus est ressuscité pour nous et nous a sauvés. Le sel que nous avons reçu est fait pour être donné ; il est fait pour donner de la saveur, pour être offert ; sinon, il devient insipide et ne sert pas.

Mais le sel a aussi une autre particularité : quand on l'utilise bien, on ne sent pas son goût. Ainsi, la saveur du sel n'altère pas la saveur des choses ; au contraire, on sent la saveur de chaque mets, qui devient meilleur, plus savoureux. Telle est l'originalité chrétienne : quand nous annonçons la foi, avec ce sel, chaque personne la reçoit dans sa particularité.

Toutefois, l'originalité chrétienne n'est pas l'uniformité. Elle prend chacun comme il est, avec sa personnalité, avec ses caractéristiques, avec sa culture, et elle le laisse tel qu'elle l'a trouvé, parce qu'il est une richesse ; mais elle lui donne quelque chose de plus, elle lui donne de la saveur. Si l'on tendait en revanche à l'uniformité, ce serait comme si tous étaient salés de la même manière. La même chose arriverait si l'on se comportait comme lorsque la femme met trop de sel : on sentirait seulement le goût du sel et non le goût de ce repas rendu savoureux avec le sel. »

L'originalité chrétienne consiste précisément en cela : chacun reste ce qu'il est, avec les dons que le Seigneur lui a donnés. « Chacun est différent de l'autre ; le sel chrétien est donc celui qui fait précisément voir les qualités de chacun. Tel est le sel que nous devons donner et non conserver. Ou tout au moins ne pas conserver au point qu'il s'abîme.

Et pour que le sel ne s'abîme pas, il y a deux méthodes à suivre, qui doivent aller de pair. Tout d'abord, il faut le donner, au service des repas, au service des autres, au service des personnes. Il s'agit du sel de la foi, de l'espérance et de la charité : il faut le donner, le donner, le donner ! L'autre méthode implique la transcendance, c'est-à-dire la tension vers l'auteur du sel, le créateur, celui qui fait le sel. Le sel ne se conserve pas seulement en le donnant dans la prédication. Il a besoin également de l'autre transcendance, de la prière, de l'adoration. Et ainsi, le sel se conserve, ne perd pas sa saveur. Avec l'adoration au Seigneur, je suis transcendé de moi-même au Seigneur ; et avec l'annonce évangélique je sors de moi-même pour donner le message. »

Vendredi 24 mai 2013

La sagesse des chrétiens

« Dans la prière du missel latin pour la messe de ce matin consacrée à sainte Marie Auxiliatrice, a dit le pape François dans l'homélie du 24 mai, nous demandons deux grâces : supporter avec patience et vaincre avec amour les oppressions, extérieures et intérieures. » Ce sont des grâces propres à un chrétien ; mais supporter avec patience n'est pas facile, a reconnu le Pape. « En effet, quand arrivent des difficultés du dehors ou quand naissent des problèmes dans le cœur, dans l'âme ; des problèmes intérieurs, ce n'est pas facile de les supporter avec patience. Il est plus facile de devenir impatients.

Que signifie donc supporter ? C'est prendre

une difficulté et la porter vers le haut, avec force, pour que la difficulté ne nous abaisse pas. C'est une vertu chrétienne. Saint Paul en parle à plusieurs reprises. Supporter, par conséquent, signifie ne pas se laisser vaincre par les difficultés. Le chrétien a la force de ne pas baisser les bras, mais de porter vers le haut, au-dessus, de supporter. Une tâche qui n'est pas facile, parce qu'on est pris par le découragement et qu'on a envie de baisser les bras et de dire : allez, faisons ce que l'on peut et rien de plus ! Supporter, c'est une grâce et nous devons la demander dans les difficultés. »

L'autre grâce dont a parlé le Pape est de vaincre avec l'amour. « On peut vaincre, a-t-il précisé, de nombreuses façons, mais la grâce que nous demandons aujourd'hui est la grâce de la victoire au moyen de l'amour. » Et le Saint-Père a donné en exemple la sagesse des personnes âgées : « Combien de personnes âgées ont parcouru ce chemin ? Il est beau de les regarder. Elles ont un beau regard, celui du bonheur serein. »

En parlant au début de la célébration de la solennité liturgique, le pape François a rappelé la fête de Marie auxiliatrice et il a dit : « Toute l'Église prie pour la Chine, pour les chrétiens chinois. Ce matin nous offrons la messe pour ce noble et grand peuple chinois, pour les chrétiens, pour que la Vierge nous aide et nous protège. »

Samedi 25 mai 2013

L'accueil chrétien

Les chrétiens qui demandent ne doivent jamais trouver les portes fermées. Les Églises ne sont pas des bureaux où présenter des documents et de la paperasse quand on demande d'entrer dans la grâce de Dieu. « Nous ne devons pas instituer le huitième sacrement, celui de la douane pastorale ! ». L'accueil chrétien était le thème de la réflexion du pape François dans l'homélie de la messe du samedi 25 mai. En commentant l'Évangile de Marc (10,13-16) le Pape a rappelé les reproches adressés par Jésus aux disciples qui voulaient éloigner de lui les enfants que les gens apportaient pour demander une caresse. « Les disciples proposaient une bénédiction générale et puis tout le monde dehors, mais que dit l'Évangile ? Que Jésus s'indigna, a répondu le Pape, en disant "laissez-les venir à moi, ne le leur empêchez pas. C'est à eux en effet qu'appartient le royaume de Dieu".

La foi du peuple de Dieu est une foi simple. Je me souviens une fois, pendant la fête patronale dans la ville de Salta, une femme humble demandait à un prêtre une bénédiction. Le prêtre lui a dit : mais madame, vous êtes allée à la messe ! Puis il a expliqué toute la théologie de la bénédiction dans la messe. Ah ! Merci mon père, oui mon père, a répondu la dame. Mais quand le prêtre est parti, la dame s'est adressée à un autre prêtre : Donnez-moi la bénédiction. Toutes ces paroles n'étaient pas entrées en elle parce qu'elle avait une autre nécessité, la nécessité d'être touchée par le Seigneur. C'est là la foi que nous cherchons et que nous devons trouver toujours parce que le Saint-Esprit la suscite. Nous, nous devons la faciliter, la faire croître, l'aider à croître ».

Pour mieux expliquer le concept, le Pape François a pris quelques exemples. En particulier quand deux fiancés qui veulent se marier se présentent au secrétariat d'une paroisse et, au lieu de soutien ou de félicitations, s'entendent énumérer les frais de la cérémonie ou demander si leurs papiers sont en règle. Ainsi parfois, a rappelé le Pape, ils « trouvent la porte fermée ».

Un autre exemple : le cas d'une fille-mère qui va à l'église, à la paroisse, demande le baptême de l'enfant et s'entend répondre par un chrétien ou par une chrétienne : « non, tu ne peux pas, tu n'es pas mariée ». « Jésus s'indigne quand il voit cela, a conclu le Pape. Et nous demandons au Seigneur que tous ceux qui s'approchent de l'Église trouvent les portes ouvertes pour rencontrer cet amour de Jésus. »

Lundi 27 mai 2013

Le temps de Dieu

La fascination du provisoire, la sensation d'être les maîtres du temps, et la culture du bien-être à tout prix empêchent souvent l'homme d'aujourd'hui de suivre Jésus de près. « Ils nous semblent deux richesses mais en réalité ils ne nous font pas aller de l'avant », a dit le pape François en commentant, lundi matin 27 mai, le récit de l'Évangile de Marc (10,17-27) proclamé au cours de la messe.

L'évangéliste raconte l'histoire de l'homme riche qui s'approche de Jésus pour lui demander comment atteindre la vie éternelle. Mais à la demande de Jésus, « qui l'aime », de vendre tous ses biens avant de le suivre, « cet homme bon, un homme juste, un homme poussé par le Saint-Esprit à aller encore plus avant, plus près de Jésus, se décourage : à ces mots, il s'assombrit et s'en va attristé ».

« Les richesses, a expliqué le Pape, sont donc un empêchement, quelque chose qui ne rend pas facile le chemin vers le royaume de Dieu. Chacun de nous a ses richesses, mais il s'agit souvent de richesses qui empêchent de s'approcher de Jésus et qui parfois apportent même la tristesse.

Nous devons tous faire un examen de conscience et nous demander quelles sont les richesses qui nous empêchent d'approcher Jésus sur la route de nos vie. Il s'agit de richesses qui dérivent de notre culture. La première richesse est le bien-être. La culture du bien-être qui nous rend peu courageux, qui nous rend paresseux, qui nous rend aussi égoïstes. Parfois, le bien-être nous anesthésie, car en fin de compte, nous sommes bien dans le bien-être ». Face au choix d'avoir un enfant, nous nous laissons aussi souvent conditionner par le bien-être. Le Pape a imaginé un dialogue entre un couple d'époux : « Non, non, plus d'un enfant, non ! Parce que nous ne pouvons pas partir en vacances, nous ne pouvons pas aller là, nous ne pouvons pas acheter de maison ; non ! Suivre le Seigneur, d'accord, mais jusqu'à un certain point... ».

Outre la culture du bien-être, le Pape en a indiqué une autre, qui « nous empêche d'aller près de Jésus : c'est la fascination pour le provisoire. Nous sommes amoureux du provisoire, alors que les propositions de Jésus sont définitives. Le provisoire nous plaît parce que nous avons peur du temps de Dieu, qui est un temps définitif.

Et comme cela arrive souvent, le Pape a proposé un souvenir de son expérience personnelle : « J'ai entendu parler de quelqu'un qui voulait devenir prêtre, mais pendant dix ans, pas plus. Et la même chose arrive pour tant de couples qui se marient en pensant : tant que l'amour dure, continuons, et ensuite nous verrons. C'est cela la fascination pour le provisoire. La deuxième richesse qui fascine les hommes d'aujourd'hui et les pousse, en particulier, à devenir maîtres du temps. Bien-être et provisoire sont précisément les deux richesses qui, dans la société contemporaine, nous empêchent d'aller de l'avant. »

En revanche, la pensée du Pape est allée aux nombreux hommes et femmes qui ont quitté leur terre pour partir comme missionnaires, pour toute la vie ; et aux nombreux hommes et femmes qui ont quitté leur maison pour se marier pour toute la vie. « Cela signifie suivre

Jésus de près. C'est le définitif. Alors que le provisoire n'est pas suivre Jésus ; le provisoire est notre territoire, dans lequel nous sommes les maîtres. »

Mardi 28 mai 2013

Le salaire du chrétien

La souffrance fait partie de la vie ; mais pour le chrétien, appelé à suivre la même route que le Christ, celle-ci devient une valeur ajoutée. Encore davantage quand elle se présente sous forme de persécution, à cause de l'esprit du monde qui ne tolère pas le témoignage chrétien. Telle est le sens de la réflexion proposée par le Pape mardi 28 mai. En commentant l'Évangile du jour (*Mc* 10,28-31), le Pape a repris la réflexion sur le dialogue de Jésus avec le jeune homme riche qui lui demandait comment conquérir la vie éternelle. Il a en effet rappelé que Pierre avait écouté les avertissements de Jésus à propos des richesses, qui rendent « si difficile d'entrer dans le royaume de Dieu ». Après avoir entendu cela, Pierre demande au Seigneur : « D'accord, mais nous ? Nous avons tout quitté pour toi. Quel sera notre salaire ? Quelle sera la récompense ? ». Suivre Jésus, a répété l'Évêque de Rome, signifie le faire jusqu'au bout. La « sequela » du Christ ne peut pas demeurer seulement une expression culturelle. Pas plus qu'elle ne peut être une manière d'acquérir plus de pouvoir. À ce propos, le souverain pontife a observé que « l'histoire de l'Église est riche de telles attitudes, à commencer par certains empereurs ; puis tant de gouvernants, tant de personnes. Et même certains — je ne veux pas dire beaucoup, mais certains — prêtres, certains évêques. Ils ne sont pas nombreux, mais quelques-uns pensent que suivre Jésus signifie faire carrière. Il s'agit d'un concept, que, l'on pouvait trouver dans les biographies des saints, il y a quelques décennies, et où il était habituel de lire que "dans son enfance, il avait envie de suivre la carrière ecclésiastique". On disait ainsi. Mais de nombreux chrétiens, tentés par l'esprit du monde, pensent que suivre Jésus est une bonne chose, car ainsi, on peut faire carrière, on peut aller de l'avant. Toutefois, cela n'est pas l'esprit ; c'est plutôt l'attitude de Pierre, qui demande : « Et nous, quelle carrière suivonsnous ? ». La réponse de Jésus est en revanche : « Oui, je te donnerai tout, avec la persécution ». Il n'est pas possible d'enlever la croix de la route de Jésus, elle y est toujours. Le chrétien, bien évidemment, ne doit pas se faire de mal. Le chrétien suit Jésus par amour et quand on suit Jésus avec amour, l'envie du diable fait tant de choses. L'esprit du monde ne tolère pas cela, il ne tolère pas le témoignage. Pensez à Mère Teresa qui a fait tant de belles choses pour les autres. L'esprit du monde ne dit jamais que la bienheureuse Teresa, tous les jours, pendant de nombreuses heures, était en adoration ; jamais. Il réduit l'activité chrétienne à faire le bien social. Comme si l'existence chrétienne était un vernis, une patine de christianisme. Mais l'annonce de Jésus n'est pas une patine, elle pénètre dans les os, elle va droit au cœur ; elle va à l'intérieur et nous transforme. Et cela, l'esprit du monde ne le tolère pas ; il ne le tolère pas et c'est pourquoi les persécutions ont lieu. »

Mercredi 29 mai 2013

Le triomphalisme des chrétiens

Le triomphalisme qui appartient aux chrétiens est celui qui passe à travers l'échec humain, l'échec de la croix. Se laisser tenter par d'autres triomphalismes, par des triomphalismes mondains, signifie céder à la tentation de concevoir un « christianisme sans croix », un « demi-christianisme ». L'humilité a été au centre de la réflexion du Pape lors de la Messe du 29 mai. Dans l'Évangile de ce jour (*Mc* 10,32-45) est décrit le chemin de Jésus vers Jérusalem, suivi par ses disciples. « Ils étaient sur la route qui montait à Jérusalem, a expliqué le Pape, et Jésus marchait devant. Décidés. Nous pouvons aussi penser en hâte. » S'arrêtant sur les sentiments qui les agitaient à ce moment,

« effarés » et « effrayés », le Saint-Père a voulu mettre en évidence le comportement du Seigneur qui leur révèle la vérité : « Voilà, nous montons à Jérusalem, le Fils de l'Homme sera livré aux chefs des prêtres et des scribes ; ils le condamneront à mort et le tueront, mais le troisième jour, il ressuscitera. Jésus « dit la vérité » et leur montre le chemin qui finit le troisième jour. » Aujourd'hui, a souligné le Saint-Père, le danger est celui de succomber à la « tentation d'un christianisme sans croix. Un christianisme à mi-chemin. Cela est une tentation. Mais il y en a une autre, celle d'un christianisme avec la croix sans Jésus », dont il a dit qu'il parlerait en une autre occasion. Et en reprenant le thème de l'homélie, le Pape a expliqué qu'il s'agit de la « tentation du triomphalisme ». « Nous voulons le triomphe maintenant sans aller sur la croix. Un triomphe mondain, un triomphe raisonnable. » Pour prendre un exemple, il a cité l'épisode évangélique dans lequel on raconte que le diable, après la provocation du temple, propose un pacte à Jésus : « Adore-moi et je te donnerai tout ». Et « cela pour qu'il n'arrive pas à faire ce que le Père voulait que Jésus fasse ». À ce propos, le Pape a rappelé un épisode de sa vie : « Une fois, j'étais dans un moment sombre de ma vie spirituelle, et je demandais une grâce au Seigneur. Je suis allé prêcher les exercices chez les sœurs et le dernier jour, elles se sont confessées. Une sœur âgée de plus de quatre-vingts ans, mais avec les yeux clairs, vraiment lumineux, est venue se confesser. C'était une femme de Dieu. À la fin, j'ai vu que c'était une telle femme de Dieu que je lui ai dit : "Ma sœur, comme pénitence priez pour moi, parce que j'ai besoin d'une grâce, d'accord ? Si vous la demandez au Seigneur, il me la donnera sûrement". Elle s'est arrêtée un instant, comme si elle priait, et elle m'a dit cela : "Soyez certain que le Seigneur vous donnera la grâce, mais ne vous y trompez pas : à sa manière divine". Cela m'a fait beaucoup de bien : entendre que le Seigneur nous donne toujours ce que nous demandons, mais qu'il le fait à sa manière divine. » Cette manière, a expliqué le Pape, « fait participer à la croix. Non par masochisme, non, non : par amour, par amour jusqu'à la fin ». En concluant l'homélie, le Saint-Père a invité chacun à demander au Seigneur « la grâce de ne pas être une Église à mi-chemin, une Église triomphaliste ».

Vendredi 31 mai 2013

L'éternité ne sera pas ennuyeuse

Les chrétiens qui ne connaissent pas la joie sont nombreux. Et même lorsqu'ils vont à l'église pour louer Dieu, ils semblent être à un enterrement plutôt qu'à une célébration joyeuse. Si, en revanche, ils apprenaient à sortir d'eux-mêmes et à rendre grâce à Dieu, « ils comprendraient réellement ce qu'est la joie qui nous rend libres ». C'est précisément la joie chrétienne qui a été au cœur de l'homélie du pape François, le 31 mai, fête de la Visitation. Dans le récit évangélique, la joie caractérise la visite de Marie à Élisabeth. « La Vierge veut rendre visite à Élisabeth » a rappelé le Saint-Père. Et en présentant l'image de Marie comme la Mère qui part toujours en hâte, le Pape s'est arrêté sur ce « tressaillement de l'enfant dans le sein d'Élisabeth révélé par elle-même à Marie : "Voilà, à peine ton salut est-il parvenu à mes oreilles que l'enfant a tressailli de joie dans mon sein" ».

« Tout est joie. Mais nous les chrétiens, nous ne sommes pas tellement habitués à parler de joie, d'allégresse. Je crois que, très souvent, nous aimons davantage les plaintes ! Qu'est-ce que la joie ? La clef pour comprendre cette joie est ce que nous dit l'Évangile : "Élisabeth fut comblée du Saint-Esprit". Ce qui nous donne la joie est le Saint-Esprit. » Le Pape a ensuite parlé d'un autre aspect de la joie qui nous vient de l'Esprit. « Pensons à ce moment où la Vierge et saint Joseph conduisent Jésus au Temple pour accomplir la Loi. C'est la fidélité qui a mûri pendant tant d'années dans l'attente du Saint-Esprit qui a pour effet que cet Esprit vient et leur donne la joie. Pour ma part, j'aime à penser : les jeunes accomplissent la Loi ; les personnes âgées ont la liberté de laisser l'Esprit les guider. Et c'est très beau ! C'est précisément l'Esprit qui nous guide. Il est l'auteur de la joie, le créateur de la joie. Et cette joie dans l'Esprit nous donne la véritable liberté chrétienne. Sans joie, nous, chrétiens, ne pouvons pas devenir libres. Nous devenons esclaves de nos tristesses. Mais quelle est cette louange à Dieu ? Il faut le louer gratuitement, comme la grâce qu'il nous donne est gratuite. » Ensuite, s'adressant à l'une des personnes présentes à la célébration, François a dit : « Je peux poser la question à vous qui êtes ici à la Messe : louez-vous Dieu ? Ou demandez-vous seulement à Dieu et rendez-vous grâces à Dieu ? Mais louez-vous Dieu ? ». Cela, a-t-il répété, signifie « sortir de soi-même pour louer Dieu, perdre du temps en louant ». À ce point, le Saint-Père a également fait référence à l'une des critiques que l'on fait souvent aux prêtres : « La messe que vous célébrez est longue. » « Assurément, a-t-il expliqué en s'adressant encore aux personnes présentes, si tu ne loues pas Dieu et si tu ne connais pas la gratuité de perdre du temps en louant Dieu, alors bien sûr que la messe est longue ! Mais si tu adoptes cette attitude de la joie, de la louange à Dieu, c'est beau. Du reste, voilà ce que sera l'éternité : louer Dieu. Mais cela ne sera pas ennuyeux, ce sera très beau. Cette joie nous rend libres. »

Samedi 1er juin 2013

Le scandale de l'incarnation

Le scandale d'un Dieu qui s'est fait homme et qui est mort sur la croix a été au cœur de l'homélie du 1er juin. Le souvenir du martyr Justin, dont on célébrait la mémoire liturgique, a offert au Pontife l'occasion de réfléchir à la cohérence de la vie et au noyau fondamental de la foi de chaque chrétien : la croix. « Nous pouvons faire toutes les œuvres sociales que nous voulons, a-t-il affirmé, et ils diront : mais qu'elle est bonne l'Église, qu'elles sont bonnes les œuvres sociales de l'Église ! Mais si nous nous disons que nous faisons cela parce que ces personnes sont la chair du Christ, alors vient le scandale. Sans l'incarnation du Verbe, le fondement de notre foi vient à manquer. Ceci est la vérité, ceci est la révélation de Jésus. Cette présence de Jésus incarné. Si on oublie cela, la séduction pour les disciples du Christ de faire des choses bonnes sans le scandale du verbe incarné, sans le scandale de la croix sera toujours forte. Justin a été un témoin de cette vérité, parce que c'est précisément pour le scandale de la croix qu'il s'est attiré la persécution du monde. Il a annoncé Dieu qui est venu parmi nous et s'est identifié à ses créatures. L'annonce du Christ crucifié et ressuscité bouleverse ses auditeurs, mais il continue à témoigner de cette vérité à travers une cohérence de vie. L'Église n'est pas une organisation de culture, de religion, ni même sociale ; elle n'est rien de cela. L'Église est la famille de Jésus. L'Église confesse que Jésus est le Fils de Dieu qui s'est fait chair. C'est cela le scandale et c'est pour cela qu'ils persécutaient Jésus. »

Mais pourquoi Jésus constituait-il un problème ? « Ce n'est pas parce qu'il faisait des miracles, a répondu le Pape. Et pas plus parce qu'il prêchait et parlait de la liberté du peuple. Le problème qui scandalisait ces personnes, c'était ce que les démons criaient à Jésus : "Tu es le Fils de Dieu, tu es le saint". Voilà le point central. Ce qui scandalise, de Jésus, c'est sa nature de Dieu incarné. Et comme à lui, à nous aussi, ils tendent des pièges dans la vie. Ce qui scandalise, de l'Église, c'est le mystère de l'incarnation du Verbe : cela ne s'ôte pas. Cela, le démon ne l'ôte pas. Même aujourd'hui, nous entendons souvent dire : "Mais vous chrétiens, soyez un peu plus normaux, comme les autres personnes, soyez raisonnables, ne soyez pas aussi rigides". Derrière cette invitation, en réalité, se trouve la demande de ne pas annoncer que Dieu s'est fait homme, parce que l'incarnation du Verbe est le scandale. » En conclusion, le pape François a exhorté les fidèles à demander au Seigneur « de ne pas avoir honte de vivre avec ce scandale de la croix ». Il a invité à invoquer de Dieu la sagesse pour « ne pas se laisser prendre au piège de l'esprit du monde qui fera toujours des propositions courtoises, des propositions civilisées, des propositions bonnes ».

Dimanche 2 juin 2013

Où est ton frère ?

« La guerre est folie. C'est le suicide de l'humanité. C'est un acte de foi en l'argent, qui pour les puissants de la terre est plus important que les personnes. Parce que derrière la guerre il y a toujours des péchés : il y a le péché de l'idolâtrie, le péché de l'exploitation des hommes, de leur sacrifice sur l'autel du pouvoir. » Le pape François parle sans demi-mesure : avec détermination et clarté, dans son langage simple et direct, il dénonce la folie des conflits qui ensanglantent l'humanité. Et il le fait à deux reprises en l'espace de quelques heures, le 2 juin. D'abord en célébrant la messe avec un groupe de militaires italiens blessés et les familles de jeunes qui ont donné leur vie en mission de paix, surtout en Afghanistan ; puis à l'Angélus place Saint-Pierre. Le jour où en

Italie était célébrée la fête de la République, le Pape a donc accueilli dans la chapelle de la *Domus Sanctae Marthae* une portion de l'Église qui souffre : treize soldats blessés ces dernières années et les familles des victimes, soit environ quatre-vingts personnes. Au terme de la messe, il s'est longuement entretenu avec chacun des présents, qu'il a serré dans ses bras, embrassé, caressé. Il a souri pour les encourager et s'est ému en écoutant leurs histoires, certaines de très grandes souffrances. Les yeux gonflés de larmes, beaucoup portaient avec eux les photographies de leurs proches qui ne sont plus là ; d'autres portaient, imprimées dans leur corps, les conséquences d'un conflit qui en quelques années a fait, uniquement chez les Italiens, 52 morts et une centaine de blessés. Et ainsi des enfants, parfois tout petits, et des parents, des veuves et des frères des soldats morts, dans leur profonde et sobre douleur, ont rencontré le Pape avec les jeunes qui ont perdu l'usage des jambes ou la vue, mais pas la dignité ni l'espérance. Dans son homélie, le Pape s'est arrêté sur l'Évangile de Luc (7,1-10), « où, a-t-il expliqué, le Seigneur entend en particulier la prière d'un seul. Ce centurion dont le serviteur était malade et qui demanda à Jésus de le guérir ». Puis il a souligné : « Notre Dieu est ainsi : il entend la prière de tous, mais il n'est pas un Dieu qui entend la prière de tous comme s'ils étaient anonymes, non, de tous et de chacun. Notre Dieu est le Dieu du grand et le Dieu du petit. Notre Dieu est personnel. Aujourd'hui, nous sommes venus prier pour nos morts, pour nos blessés, pour les victimes de cette folie qu'est la guerre : c'est le suicide de l'humanité, parce qu'elle tue le cœur ; elle tue là où se trouve le message du Seigneur, elle tue l'amour. Parce que la guerre vient de la haine, de la jalousie, de la volonté de puissance, et aussi — nous le voyons souvent — de la faim de pouvoir. Dans l'histoire aussi, nous avons vu que, très souvent, les problèmes locaux, les problèmes économiques, les crises économiques, dans le monde entier, les grands de la terre veulent les résoudre avec une guerre. Pour quelle raison ? Parce que pour eux l'argent est plus important que les personnes ; et la guerre c'est cela : c'est un acte de foi en l'argent ; de foi dans les idoles, dans les idoles de la haine ; dans l'idole qui te conduit à tuer ton frère ; qui te conduit à tuer l'amour. Tourne-toi vers nous Seigneur et aies miséricorde, parce que nous sommes angoissés. Regarde notre misère et notre peine. Nous sommes sûrs que le Seigneur nous entendra. Il fera quelque chose pour nous donner l'esprit de consolation. »

Lundi 3 juin 2013

Les grands amnésiques

La pensée du pape François est allée le 3 juin, à son prédécesseur, Jean XXIII, « un modèle de sainteté », pour rappeler le cinquantième anniversaire de sa mort, mais aussi et surtout pour en relancer le témoignage à une époque où, même dans l'Église, certains choisissent la voie de la corruption plutôt que celle de l'amour comme réponse au don de Dieu pour l'homme. Dans son homélie, le pape François a voulu partager avec les participants plusieurs réflexions sur l'Évangile de Marc (12,1-12). « Je pense aux trois figures de chrétiens dans l'Église : les pécheurs, les corrompus, les saints. Il n'est pas nécessaire de trop parler des pécheurs, car nous le sommes tous. Nous nous connaissons de l'intérieur et nous savons ce qu'est un pécheur. Et si l'un de nous ne se sent pas ainsi, qu'il aille se faire examiner par le médecin spirituel : quelque chose ne va pas. » La figure sur laquelle le Saint-Père s'est arrêté le plus a été celle des corrompus. Dans la parabole évangélique, a-t-il expliqué, Jésus parle du grand amour du propriétaire d'une vigne, symbole du peuple de Dieu : « Il nous a appelés avec amour, il nous protège. Mais ensuite, il nous donne la liberté, il nous donne tout cet amour "en location". C'est comme s'il nous disait : "Regarde et protège mon amour comme moi je te protège." C'est un dialogue entre Dieu et nous : protéger l'amour. Mais ensuite, les paysans à qui la vigne a été confiée se sont sentis forts, se sont sentis autonomes à l'égard de Dieu. Et ainsi, ils se sont emparés de cette vigne ; et ils ont perdu leur relation avec le maître de la vigne : nous sommes les maîtres ! Et lorsque quelqu'un va chercher chez eux la partie de la récolte de la vigne qui revient au maître, ils lui donnent des coups de bâton, ils l'insultent, ils le tuent. Cela signifie qu'ils ont perdu la relation avec Dieu, ils n'ont plus ressenti le besoin de ce maître. C'est ce que font les corrompus, ceux qui étaient pécheurs comme nous tous, mais qui ont fait un pas en avant : ils se sont consolidés dans le péché et ne sentent pas le besoin de Dieu. Voilà qui sont les corrompus. Et c'est un danger pour nous aussi : devenir corrompus. Il y en a dans les communautés chrétiennes et ils font beaucoup de mal. Jésus parle aux docteurs de la loi, aux pharisiens, qui étaient corrompus. Et il leur dit qu'ils sont des sépulcres blanchis. Et dans les communautés chrétiennes, les corrompus sont ainsi. On dit : Ah ! c'est un bon chrétien, il appartient à telle confraternité ; il est bon, il est bon, c'est l'un de nous. Mais non, ils vivent pour eux-mêmes. Judas a commencé en tant que pécheur avare, il a fini dans la corruption. C'est une voie dangereuse, la voie de l'autonomie. Les corrompus sont de grands amnésiques, ils ont oublié cet amour avec lequel le Seigneur a fait la vigne, les a faits, eux. Ils ont coupé la relation avec cet amour. Mais dans l'Église, il existe aussi des saints. Et maintenant, je désire parler des saints ; et j'ai plaisir à le faire à l'occasion du 50e anniversaire de la mort du pape Jean, un modèle de sainteté. »

Mardi 4 juin 2013

Apprenons le langage des enfants

Le pape François a parlé à nouveau de la corruption, au cours de la messe dans la matinée du mardi 4 juin. Il a proposé une réflexion sur le langage qu'utilisent habituellement les personnes corrompues, c'est-à-dire celui de l'hypocrisie : le même, a-t-il dit, utilisé par Satan dans le désert lorsqu'il a tenté Jésus. Dans son homélie, le Pape s'est inspiré d'une page de l'Évangile de Marc (12,13-17) dans laquelle l'évangéliste raconte la tentative de tendre un piège à Jésus par certains pharisiens et certains Hérodiens : « uniquement certains, a spécifié le Pape, car tous n'étaient pas méchants. Hier, nous avons parlé des corrompus. Aujourd'hui, nous trouvons le langage des corrompus. Quelle est leur langue ? Celle-ci : la langue de l'hypocrisie. Ce n'est pas nous qui le disons, ce n'est pas moi qui le dis, mais Jésus, en connaissant leur hypocrisie. L'hypocrisie, c'est la langue des corrompus. Ceux-ci n'aiment pas la vérité. Ils n'aiment qu'eux-mêmes et ainsi cherchent à tromper, à entraîner l'autre dans leur mensonge, dans leur tromperie. Ils ont le cœur menteur ; ils ne peuvent pas dire la vérité. Le même langage qu'a utilisé Satan après le jeûne dans le désert. Tu as faim : cette pierre, tu peux la transformer en pain ; puis : pourquoi te donner tant de mal, jette-toi du haut du temple. Ce langage, qui semble persuasif, conduit à l'erreur, au mensonge. L'hypocrisie est le langage de la corruption, et certainement pas le langage de vérité, parce que la vérité ne va jamais seule ; elle va toujours avec l'amour. Il n'y a pas de vérité sans amour. L'amour est la première vérité. Et s'il n'y a pas d'amour, il n'y a pas de vérité. Les hypocrites au contraire, veulent une vérité esclave de leurs propres intérêts. Même si chez eux, il y a une forme d'amour ; mais c'est l'amour pour eux-mêmes, une sorte d'idolâtrie narcissique qui les conduit à trahir les autres et conduit aux abus de confiance. Au contraire, la douceur que Jésus veut de nous n'a rien, rien à voir avec cette adulation, avec cette façon mielleuse d'aller de l'avant. Rien. La douceur est simple, comme celle d'un enfant ; et un enfant n'est pas hypocrite, parce qu'il n'est pas corrompu. Lorsque Jésus dit : que votre façon de parler soit : oui, oui, non, non, avec une âme d'enfant, il nous dit le contraire de ce que disent les corrompus. Nous tous, avons en réalité une certaine faiblesse intérieure et nous aimons que l'on dise de bonnes choses sur nous. Et cela plaît à tous, en fin de compte, nous avons tous un soupçon de vanité. Les corrompus le savent et avec leur langage, ils tentent de nous affaiblir. Donc, pensons bien aujourd'hui, quelle est notre langue : parlons-nous en vérité avec amour ou parlons-nous un peu ce langage qui nous porte à dire des choses belles que nous ne sentons pas comme telles ? Que notre langage soit évangélique. Et demandons aujourd'hui au Seigneur que notre langage soit le langage des simples, le langage de l'enfant, le langage des fils de Dieu : donc, parler dans la vérité de l'amour. »

Mercredi 5 juin 2013

Dans le sous-sol de l'existence

C'est pour les personnes qui vivent « dans le sous-sol de l'existence », dans des conditions « à la limite », et qui ont perdu l'espérance qu'a prié le pape François lors de la messe du 5 juin. L'invitation à tourner notre pensée vers les nombreuses personnes qui font l'expérience des situations d'abandon et « de souffrance existentielle » a été suggérée par les lectures liturgiques. Dans la première, tirée du livre de Tobie (3,1-11.16-17), le Pape a identifié dans les expériences de Tobie et de Sara les histoires de deux personnes qui souffrent, à la limite du désespoir, en équilibre entre la vie et la mort. Tous deux sont la recherche d'une « issue », qu'ils trouvent en se lamentant. « Ils ne blasphèment pas, mais ils se lamentent, a précisé le Saint-Père. Se lamenter devant Dieu n'est pas un péché. Un prêtre, que je connais, a dit un jour à une femme qui se lamentait devant Dieu à cause de ses malheurs : mais madame, cela est une forme de prière, continuez. Le Seigneur entend, il écoute nos lamentations. » Le Pape a ensuite rappelé l'exemple de Job et de Jérémie qui, a-t-il remarqué, « se lamentent aussi avec une malédiction : non contre le Seigneur, mais contre cette situation ». Du reste, a-t-il ajouté, se lamenter « est humain », également parce qu'il y a « tant de personnes dans cet état de souffrance existentielle ». Et en faisant référence à la photographie d'un enfant victime de malnutrition publiée la veille sur la première page de l'édition italienne de *L'Osservatore Romano*, il a demandé : « Combien y en a-t-il ainsi ? Pensons à la Syrie, aux réfugiés, à tous ces gens. Et pensons aux patients dans les hôpitaux : combien, avec des maladies en phase terminale, qui souffrent ainsi ? ». Enfin le Pape a mis en lumière comment dans la première lecture, on trouve un « petit mot qui ouvre la porte à l'espérance » et qui peut aider dans la prière. C'est l'expression « au même moment ». Quand Tobie priait, « au même moment » Sara priait ; et « au même moment » la prière de tous deux fut accueillie devant la gloire de Dieu. « La prière, a dit le Pape, arrive toujours à la gloire de Dieu. Toujours, quand elle est prière dans le cœur. En revanche, quand on regarde les situations de souffrance uniquement comme une affaire de morale, celle-ci n'arrive jamais, parce qu'elle ne sort jamais de nous-mêmes, ne nous intéresse pas, c'est un jeu intellectuel. » D'où l'invitation à penser à ceux qui souffrent. C'est une condition que Jésus connaît bien, jusqu'à la limite extrême de l'abandon sur la croix.

Jeudi 6 juin 2013

Pour démasquer les idoles cachées

C'est une invitation à découvrir « les idoles cachées dans les nombreux replis de notre personnalité », à « chasser au loin l'idole de la mondanité, qui nous conduit à devenir des ennemis de Dieu » que le pape François a adressée au cours de la messe du 6 juin. L'exhortation à entreprendre « la voie de l'amour pour Dieu », à « se mettre en marche pour parvenir » à son royaume a été le couronnement d'une réflexion axée sur le passage évangélique de Marc (12,28-34), dans lequel Jésus répond au scribe qui lui demande quel est le plus important de tous les commandements. La première remarque du Pape est que Jésus ne répond pas par une explication, mais en utilisant la parole de Dieu : « Écoute, Israël ! Le Seigneur notre Dieu est l'unique Seigneur ». « Ces paroles, a-t-il dit, ne sont pas les paroles de Jésus. En effet, il s'adresse au scribe comme il l'avait fait avec Satan lors des tentations, avec la parole de Dieu ; non avec ses paroles. Et il le fait en utilisant le credo d'Israël, celui que les juifs disent tous les jours, et de nombreuses fois par jour : Shemà Israël ! Rappelle-toi Israël, d'aimer seulement Dieu. La confession de Dieu se fait dans la vie ; sur le chemin de la vie. Il ne suffit pas de dire : je crois en l'unique Dieu ; mais il faut se demander comme on doit vivre ce commandement. En réalité, on continue souvent à vivre comme s'il n'était pas l'unique Dieu et comme si existaient d'autres divinités à notre disposition. C'est le danger de l'idolâtrie, qui nous arrive avec l'esprit du monde. Et Jésus a toujours été clair sur ce point : L'esprit du monde, non. Au point que pendant la Cène, il demande au Père de nous préserver de l'esprit du monde, car celui-ci nous mène à l'idolâtrie. Et il le fait avec ruse. Je suis certain qu'aucun de nous ne va devant un arbre pour l'adorer comme une idole ; qu'aucun de nous n'a de statues à adorer chez lui. Mais l'idolâtrie est subtile ; nous avons nos idoles cachées, et la route de la vie pour arriver, pour ne pas rester loin du royaume de Dieu, est une route qui amène à découvrir les idoles cachées. Il s'agit d'une tâche exigeante, étant donné que nous les gardons bien cachées. Mais comment démasquer ces idoles ? Ce sont celles qui font faire le contraire du commandement : "Écoute, Israël ! Le Seigneur notre Dieu est l'unique Seigneur". C'est pourquoi la route de l'amour pour Dieu, "tu aimeras le Seigneur de tout ton cœur et de toute ton âme", est une route d'amour ; c'est une route de fidélité. Au point qu'il plaît au Seigneur de faire la comparaison de cette route avec l'amour nuptial. Le Seigneur appelle son Église, épouse ; notre âme, épouse. Il parle d'un amour qui ressemble tant à l'amour nuptial, l'amour dans la fidélité. Et cette dernière nous impose de chasser au loin les idoles, de les découvrir, car elles existent et elles sont bien cachées, dans notre personnalité, dans notre façon de vivre ; et elles nous rendent infidèles dans l'amour. Jésus propose donc une voie de fidélité. La fidélité est l'essence de Dieu qui nous aime. Seigneur, tu es si bon, enseigne-moi cette voie pour être chaque jour moins éloigné du royaume de Dieu, cette voie pour chasser au loin toutes les idoles. Cela est difficile, mais nous devons commencer. »

Vendredi 7 juin 2013

La science difficile de l'amour

La science de la caresse présente deux piliers de l'amour : la proximité et la tendresse. Et « Jésus connaît bien cette belle science ». C'est ce qu'a dit le pape François en célébrant, le 7 juin, la messe de la Solennité du Sacré-Cœur de Jésus. Se référant aux lectures du jour, le Pape a défini la solennité du Sacré-Cœur de Jésus comme la « fête de l'amour ». « Ce sont les deux critères dont Paul, dans la deuxième lecture, nous dit : Quand nous étions encore faibles, Jésus, le temps établi, mourut pour les impies. Jésus nous a aimés non à travers les mots mais à travers les œuvres, à travers sa vie. Et il nous a donné, il nous a donné sans rien recevoir de nous. Ces deux critères sont comme les colonnes de l'amour véritable : les œuvres et se donner. » En expliquant le sens de ces deux critères, le Saint-Père a remarqué que la manière qu'a Jésus de se donner est bien rendue par la figure du bon Samaritain. « Aujourd'hui, a-t-il dit, la liturgie nous fait voir l'amour de Dieu dans la figure du pasteur. Dans le cantique responsorial, nous avons prononcé ce beau psaume [22] : Le Seigneur est mon pasteur. Le Seigneur se manifeste à son peuple également comme pasteur. Mais, comment le Seigneur fait-il le pasteur ? Le Seigneur nous dit tant de choses, mais je ne m'arrêterai que sur deux. La première se trouve dans le livre du prophète Ézéchiel : Voilà, moi-même je chercherai mes brebis, je les passerai en revue. Passer en revue signifie qu'il les connaît toutes, par leur nom. Et Jésus nous dit la même chose : je connais mes brebis. Il les connaît une par une, par leur nom. Dieu nous connaît ainsi : il ne nous connaît pas en groupe, mais un par un. Car l'amour n'est pas un amour abstrait, ou général pour tous ; c'est un amour pour chacun. Et Dieu nous aime ainsi. Un Dieu qui se fait proche par amour et qui marche avec son peuple. Et ce chemin arrive à un point inimaginable : jamais on ne pourrait penser que le Seigneur se fait l'un de nous et marche avec nous, reste dans son Église, reste dans l'Eucharistie, reste dans sa parole, reste dans les pauvres et reste avec nous en marchant. Telle est la proximité. Le pasteur proche de son troupeau, de ses brebis qu'il connaît une par une. » S'arrêtant ensuite sur l'autre attitude de l'amour de Dieu, le Pape a remarqué : « Le prophète Ézéchiel, mais aussi l'Évangile en parlent : J'irai à la recherche de la brebis perdue et je reconduirai au bercail celle qui s'est égarée, je panserai celle qui est blessée et soignerai celle qui est malade, j'aurai soin de celle qui est grasse et forte, je les ferai paître avec justice et tendresse. Le Seigneur nous aime avec tendresse. Le Seigneur connaît cette belle science de la caresse. La tendresse de Dieu : il ne nous aime pas en paroles ; il s'approche et, en étant proche de nous, il nous donne son amour avec toute la tendresse possible. Proximité et tendresse sont les deux aspects de l'amour du Seigneur, qui se fait proche et donne tout son amour également dans les plus petites choses, avec tendresse. Toutefois, il s'agit d'un amour fort. Car proximité et tendresse nous font voir la force de l'amour de Dieu. »

Cela peut sembler une hérésie, mais la vérité est plus grande : il est plus difficile de se laisser aimer par Dieu que de l'aimer ! Voilà quelle est la manière de lui redonner tant d'amour : ouvrir notre cœur et nous laisser aimer. Le laisser s'approcher de nous, et le sentir proche. Le laisser être tendre, nous caresser. « C'est très difficile : nous laisser aimer par lui. Et c'est peut-être ce que nous devons demander aujourd'hui pendant la messe : Seigneur, je veux t'aimer, mais enseigne-moi la science difficile, l'habitude difficile de me laisser aimer par toi, de te sentir proche et de te sentir tendre. »

Samedi 8 juin 2013

Entre émerveillement et mémoire

La parole de Dieu, celle qui « provoque l'émerveillement » uniquement en l'écoutant, est quelque chose à conserver jalousement au plus profond de son cœur. C'est ce qu'a dit le Pape lors dans son homélie du 8 juin où il a en particulier placé l'accent sur l'émerveillement. L'émerveillement qui saisit ceux qui écoutaient Jésus répondre aux docteurs qui l'interrogeaient dans le temple, comme le raconte l'Évangile de Luc (2,41-51), de même que Joseph et Marie furent émerveillés en trouvant Jésus, alors qu'ils le cherchaient depuis trois jours. « Les docteurs étaient pleins d'émerveillement, a rappelé le Pape, et Joseph et Marie furent émerveillés en voyant Jésus. La première chose que fait la parole de Dieu est donc d'émerveiller, car dans celle-ci, nous retrouvons le sens du divin. Et ensuite, elle nous donne de la joie, mais l'émerveillement est plus que de la joie. C'est un moment où la parole de Dieu est semée dans notre cœur. » Toutefois, l'émerveillement n'est pas un sentiment que l'on doit vivre seulement au moment où il est suscité par la Parole. C'est quelque chose qu'il faut garder avec soi pendant toute la vie. « Il faut garder la parole de Dieu. » Le Pape a ensuite réfléchi à la signification de « garder » la parole de Dieu. « Qu'est-ce que cela veut dire ? s'est demandé le Saint-Père. Garder la parole de Dieu, signifie "ouvrir notre cœur" à cette Parole, "comme la terre s'ouvre pour recevoir la semence. La parole de Dieu est une semence et elle est semée". Et Jésus a dit ce qui se produit avec la semence. Certaines semences tombent le long du chemin et les oiseaux viennent et les mangent et cela arrive quand la Parole n'est pas gardée. Cela signifie que certains cœurs ne savent pas la recevoir. Il arrive aussi que d'autres graines tombent sur une terre avec tant de pierres que la graine ne réussit pas à planter ses racines et meurt. Et Jésus dit que cela arrive quand nous ne sommes pas capables de garder la parole de

Dieu car nous ne sommes pas constants. La Parole tombe aussi dans une terre non préparée où il y a des ronces et à la fin elle meurt parce qu'elle n'est pas gardée. Mais que représentent les épines ? Jésus le dit : l'attachement aux richesses, les vices, toutes ces choses. Garder la parole de Dieu signifie la garder dans son cœur. Mais garder signifie aussi faire mémoire. La mémoire est une manière de garder la parole de Dieu, elle nous aide à nous rappeler de tout ce que le Seigneur a fait dans notre vie, toutes les merveilles du salut. Il nous faut garder la Parole avec notre mémoire et aussi la garder avec notre espérance. Demandons au Seigneur la grâce de recevoir la parole de Dieu et de la garder. »

Lundi 10 juin 2013

Portes ouvertes à la consolation

Pourquoi y a-t-il des personnes qui ont le cœur fermé au salut ? C'est sur cette interrogation que le pape François a centré son homélie du lundi 10 juin. Une question qui trouve une réponse et une explication dans la peur, parce que, a expliqué le Pape, le salut nous fait peur. C'est une attraction qui déchaîne les craintes les plus secrètes dans notre cœur. « Nous avons besoin du salut, mais dans le même temps, nous en avons peur, parce que, quand le Seigneur vient pour nous sauver, nous devons tout donner et dès lors, c'est lui qui commande ; c'est de cela dont nous avons peur. Les hommes, en effet, veulent commander, ils veulent être les chefs d'eux-mêmes. Et ainsi le salut n'arrive pas, la consolation de l'Esprit n'arrive pas. » Dans la liturgie du jour, le passage de l'Évangile de Matthieu (5,1-12) sur les Béatitudes a offert au Pape l'occasion d'une réflexion sur la relation entre salut et liberté. Seul le salut qui arrive avec la consolation de l'Esprit, a-t-il affirmé, nous rend libres : « C'est la liberté qui naît du Saint-Esprit qui nous sauve, qui nous console, qui nous donne la vie. Mais pour comprendre pleinement les Béatitudes et ce que signifie être pauvres, être doux, être miséricordieux — toutes choses qui ne semblent pas nous porter au succès — il faut garder le cœur ouvert et avoir bien goûté cette consolation du Saint-Esprit qu'est le salut. Les Béatitudes sont la loi de ceux qui ont été sauvés et ont ouvert leur cœur au salut. C'est la loi des libres, avec cette liberté du Saint-Esprit. Nous pouvons régler la vie, l'organiser sur une liste de commandements ou de procédures, mais c'est une opération purement humaine. C'est quelque chose de limité et à la fin, cela ne nous apporte pas le salut, puisque seul un cœur ouvert peut y parvenir. » Ce n'est pas un hasard si le début de la seconde lettre de saint Paul aux Corinthiens (1,1-7) dans la liturgie du jour parle à « neuf reprises de consolation ». Que signifie consolation ? Pour le pape François elle « est la présence de Dieu dans notre cœur. Mais pour que le Seigneur soit dans notre cœur, il est nécessaire d'ouvrir la porte ». L'homme court souvent le risque de chercher à « négocier », de prendre ce qui l'arrange, « un peu ici, un peu là ». C'est comme « faire une salade de fruit : un peu de Saint-Esprit et un peu d'esprit du monde ». Mais avec Dieu il n'y a pas de demi-mesures : on choisit « une chose ou l'autre ». En effet, a répété le Pape, le « Seigneur le dit clairement : on ne peut pas servir deux maîtres. Ou l'on sert le Seigneur ou l'on sert l'esprit du monde. On ne peut pas tout mélanger ».

Mardi 11 juin 2013

Les signes de la gratuité

Pauvreté et louange à Dieu : tels sont les deux critères principaux de la mission de l'Église, les « signes » qui révèlent au peuple de Dieu si « un apôtre vit la gratuité ». Le pape François les a indiqués au cours de la messe du mardi 11 juin. La réflexion du Pontife, s'appuyant comme de coutume sur les lectures du jour, s'est entièrement concentrée sur le thème de la gratuité. Car, a-t-il expliqué, « la prédication évangélique naît de la gratuité, de l'émerveillement du salut qui vient ; et ce que j'ai reçu gratuitement, je le donnerai gratuitement ». La phrase clé des consignes du Christ à ses apôtres est précisément : « Vous avez reçu gratuitement, donnez gratuitement » : des paroles dans lesquelles figure toute « la gratuité du salut ». Parce que « nous ne pouvons pas prêcher, annoncer le royaume de Dieu, a expliqué le Pape, sans cette certitude intérieure que tout est gratuit, tout est grâce ». C'est ce qu'affirmait saint Augustin : *Quaere causam et non invenies nisi gratiam*. Lorsque nous agissons sans laisser de place à la grâce, a affirmé François, alors « l'Évangile n'a pas d'efficacité ». Dès les origines, il y a eu dans la communauté chrétienne la « tentation de chercher la force ailleurs que dans la gratuité ». Mais notre unique « force est la gratuité de l'Évangile », a répété le Saint-Père, en mettant en garde surtout contre le risque que l'annonce puisse ressembler à du prosélytisme : « cette voie, a-t-il assuré, ne mène nulle part ». Et il a cité à ce propos son prédécesseur Benoît XVI, selon lequel « l'Église ne croît pas grâce au prosélytisme », mais « grâce à l'attraction ». Car, a ajouté le pape François, « le Seigneur nous a envoyés pour annoncer, pas pour faire du prosélytisme. Et la force d'attraction doit venir du témoignage de ceux qui annoncent la gratuité du salut. » Et parmi les nombreux signes de cette gratuité, il a identifié en particulier la pauvreté et la louange à Dieu. En ce qui concerne ce premier signe, il a expliqué que l'annonce de l'Évangile doit passer par la voie de la pauvreté, par le témoignage de cette pauvreté. « Je n'ai pas de richesse, ma seule richesse est le don que j'ai reçu de Dieu. Cette gratuité est notre richesse. Et il s'agit d'une pauvreté qui nous empêche de devenir des organisateurs, des hommes d'affaires. Il faut accomplir les œuvres de l'Église et certaines sont un peu complexes, mais il faut le faire avec un cœur de pauvreté, pas avec un cœur d'investissement ou comme un homme d'affaires. L'Église n'est pas une ONG : c'est autre chose, c'est quelque chose de plus important. Elle naît de cette gratuité reçue et annoncée. » Quant à la capacité de louer, le Saint-Père a clairement expliqué que lorsqu'un apôtre ne vit pas la gratuité, il perd également la capacité de louer le Seigneur. « Car louer le Seigneur est essentiellement gratuit. C'est une prière gratuite. Nous ne demandons pas seulement. Nous louons. En revanche, lorsque nous trouvons des apôtres qui veulent faire une Église riche, une Église sans la gratuité de la louange, celle-ci vieillit, devient une ONG, perd sa vie. »

Mercredi 12 juin 2013

Un progressisme adolescent

Il y a deux tentations à affronter en ce moment de l'histoire de l'Église : faire marche arrière par crainte de la liberté qui vient de la loi « accomplie dans l'Esprit saint » ; céder à un « progressisme adolescent », c'est-à-dire enclin à suivre les valeurs les plus captivantes proposées par la culture dominante. Tel était le thème de la messe du 12 juin, tiré de la deuxième lettre de saint Paul aux Corinthiens (3,4-11) et de l'Évangile de Matthieu (5,17-19). Le Pape s'est arrêté tout d'abord sur les explications que donne Jésus à ceux qui l'accusent de vouloir changer les lois de Moïse. Il les a rassurés en disant : « Je ne viens pas abolir la loi mais lui donner son plein accomplissement ». Le Pape a ensuite rappelé le rôle de l'Esprit saint dans la transmis sion de cette loi. Toutefois, il s'agit d'une liberté qui, en un certain sens, fait peur. « Parce qu'on peut la confondre, a précisé le Pape, avec quelque autre liberté humaine. Et puis la loi de l'Esprit nous amène sur la voie du discernement continuel pour faire la volonté de Dieu : cela aussi nous fait un peu peur. Mais, quand nous sommes assaillis par cette peur, nous courons le risque de succomber à deux tentations. La première est celle de « faire marche arrière parce que nous ne sommes pas sûrs. Mais cela interrompt le chemin. C'est la tentation de la peur de la liberté, de la peur du Saint-Esprit : le Saint-Esprit nous fait peur. La seconde tentation est un progressisme adolescent. » Il ne s'agit pas toutefois de progrès authentique : c'est une culture qui va de l'avant, de laquelle nous ne parvenons pas à nous détacher et où nous prenons les lois et les valeurs qui nous plaisent le plus, comme le font précisément les adolescents. En fin de compte, le risque encouru est de déraper, « comme une voiture dérape sur la route gelée et va dans le fossé ». Selon le Pape, il s'agit d'une tentation récurrente en ce moment historique pour l'Église. « Nous ne pouvons pas aller en arrière, ni déraper et finir dans le fossé. La route à suivre est celle de la liberté dans le Saint-Esprit, qui nous rend libres, dans le discernement continuel sur la volonté de Dieu, pour aller de l'avant, sans faire marche arrière et sans déraper. Nous demandons le Saint-Esprit qui nous donne la vie, qui fait aller de l'avant, qui nous porte à la pleine maturité de la loi, cette loi qui nous rend libres. »

Jeudi 13 juin 2013

La langue aussi peut tuer

La colère et l'insulte contre notre frère peuvent tuer. C'est ce qu'a rappelé le pape François lors de la messe du 13 juin, en commentant le passage de l'Évangile de Marc (5,20-26) de la liturgie du jour, où il est dit que quiconque s'emporte contre son frère devra être soumis au jugement. En rappelant saint Jean qui, à propos de ceux qui font preuve de ressentiment et de haine envers leur frère, en réalité, le tuent déjà dans leur cœur, le Pape a souligné la nécessité d'entrer dans la logique de la perfection, c'est-à-dire « de revoir notre conduite ». Évidemment, a-t-il dit, en s'adressant aux fidèles de langue espagnole, il est fait référence ici au thème « de discréditer son frère à partir de nos passions intérieures. Il s'agit en pratique du thème de l'insulte ». Le Pape a souligné de façon ironique combien est répandu « dans la tradition latine » le recours à l'insulte, avec « une créativité merveilleuse, parce que nous les inventons les unes après les autres ». Tant que l'« épithète est amicale, passe encore, a admis le Pape. Mais le problème surgit lorsque l'on utilise un terme plus injurieux. Alors, nous le qualifions à travers une série de définitions qui ne sont pas exactement évangéliques. » En pratique, a-t-il expliqué, l'insulte est une façon de diminuer l'autre. « En effet, il n'y a pas besoin d'aller voir un psychologue pour savoir que lorsqu'une personne en diminue une autre, c'est parce qu'elle n'arrive pas à grandir, elle a besoin que l'autre soit plus bas qu'elle même pour se sentir quelqu'un. Ce sont des mécanismes malsains. Au contraire, Jésus, en toute simplicité, dit : "Ne parlez pas mal des autres, ne vous diminuez pas, ne vous sous-évaluez pas. Au fond, nous marchons tous sur le même chemin". » En ce qui concerne l'insulte, souligne le Pape, Jésus est encore plus radical et « va beaucoup plus loin ». Parce qu'il dit que déjà, « lorsqu'on commence à sentir dans son cœur quelque chose de négatif » contre son frère et qu'on l'exprime « par une insulte, une malédiction, ou de la colère, il y a quelque chose qui ne va pas. Tu dois te convertir, tu dois changer ». À ce propos, le pape François a rappelé l'apôtre Jacques qui dit qu'« une barque est guidée par le gouvernail et une personne est guidée par sa langue ». Donc, a souligné le Saint-Père, si quelqu'un « n'est pas capable de dominer sa langue, il se perd ». C'est un point faible pour l'homme. En conclusion, le Pape a demandé au Seigneur la grâce pour tous d'« être un peu plus attentifs à sa langue à propos de ce que nous disons des autres ». « C'est sans aucun doute une petite pénitence, mais elle donne de bons fruits. Il est vrai que cela exige sacrifice et effort, car il est beaucoup plus facile de goûter le fruit d'un commentaire savoureux contre l'autre. À la longue, cette faim fructifie et nous fait du bien. D'où la nécessité de demander au Seigneur la grâce de conformer notre vie à cette nouvelle loi, qui est la loi de la bienveillance, la loi de l'amour, la loi de la paix, en commençant à surveiller un peu notre langue, à réduire un peu les commentaires que nous faisons sur les autres ou les explosions qui nous conduisent aux insultes, à la colère facile. »

Vendredi 14 juin 2013

L'humilité concrète du chrétien

Sans l'humilité, sans la capacité de reconnaître publiquement nos péchés et notre propre fragilité humaine, on ne peut arriver au salut ni prétendre annoncer le Christ ou être ses témoins. Cela vaut aussi pour les prêtres : les chrétiens doivent toujours se souvenir que la richesse de la grâce, don de Dieu, est un trésor à conserver dans des « vases d'argile » afin que soit claire l'extraordinaire puissance de Dieu, que personne ne peut s'approprier « pour son propre *curriculum vitae* personnel ». Encore une fois, le pape François a invité à réfléchir au thème de l'humilité chrétienne dans son homélie de la messe du 14 juin. Les lectures du jour, la deuxième lettre de saint Paul aux Corinthiens (4,7-15) et l'Évangile de Mathieu (5,27-32), ont été au centre de la méditation du Pape qui a relié l'image de la « beauté de Jésus, de la force de Jésus, du salut que nous apporte Jésus », dont parle l'apôtre Paul, à celle des « vases d'argile » dans lesquels est contenu le trésor de la foi. Les chrétiens sont comme des vases d'argile parce qu'ils sont faibles et pécheurs. « Malgré tout, a souligné le Pape, entre nous, misérables vases d'argile et la puissance de Jésus Christ sauveur, s'instaure un dialogue : le dialogue du salut. Mais, quand ce dialogue prend le ton d'une autojustification, cela veut dire que quelque chose ne va pas et qu'il n'y a pas de salut. Paul nous enseigne la route à suivre : très souvent il a parlé, presque comme un refrain, de ses péchés : "je vous le dis, j'ai été un persécuteur de l'Église... j'ai persécuté...". En lui revient toujours la mémoire du péché. Il se sent pécheur. À ce moment-là, il ne dit pas "j'ai été pécheur, mais maintenant je suis saint". Nous, en revanche, nous avons toujours la tentation du *curriculum vitae*, et de cacher un peu les détails pour qu'on ne voie pas trop ce qui ne va pas. Nous devons être humbles, mais avec une humilité réelle, avec un nom et un prénom : "Je suis pécheur pour telle et telle et telle raison".

Comme le fait Paul. » Pour conclure, le Pape a proposé l'image de la Samaritaine. Cette femme avait trouvé Jésus Christ Sauveur et quand il s'est agi pour elle de l'annoncer, elle le fit d'abord en parlant de son péché. Elle explique en effet avoir demandé à Jésus : « Vous savez qui je suis ? Et lui m'a tout dit ». « Je crois, a conclu le Pape, que cette femme est au ciel. »

Samedi 15 juin 2013

La hâte du chrétien

Le Pape a évoqué à nouveau la réconciliation et l'ardeur apostolique dans l'homélie de la messe du 15 juin. Comme d'habitude, à la base de la réflexion du Pape figuraient les lectures du jour, en particulier la deuxième lettre de saint Paul aux Corinthiens (5,14-21), « un passage un peu spécial car il semble que Paul démarre au quart de tour. Il accélère, va à toute vitesse. L'amour du Christ nous possède, nous pousse, nous presse. C'est précisément cela la vitesse de Paul : lorsqu'il voit l'amour du Christ, il ne peut pas demeurer immobile ». Le pape François observe également que dans le texte, « on répète cinq fois le mot réconciliation. Cinq fois : c'est comme un refrain. Pour dire clairement que Dieu nous a réconciliés avec lui dans le Christ. Saint Paul parle aussi avec force et avec tendresse lorsqu'il dit : je suis un ambassadeur au nom du Christ ». Puis, en poursuivant son récit, saint Paul semble presque s'agenouiller pour implorer : « Nous vous en supplions au nom du Christ : laissez-vous réconcilier avec Dieu. » « La hâte, la sollicitude de Paul, a affirmé le Pape, me fait penser à Marie, lorsque, après avoir reçu l'annonce de l'ange, elle part en toute hâte pour aider sa cousine. C'est la hâte du message chrétien. Et ici, le message est précisément celui de la réconciliation. La vraie réconciliation est que Dieu dans le Christ a pris nos péchés et s'est fait péché pour nous. Tel est le mystère qui pousse Paul à aller de l'avant avec un zèle apostolique, parce que c'est une chose merveilleuse : l'amour de Dieu qui a livré son fils à la mort pour moi. Quand Paul se trouve devant cette vérité, il dit : mais lui m'a aimé, il a affronté la mort pour moi. Tel est le mystère de la réconciliation. La vie chrétienne mûrit sur ce pilier et nous la sous-estimons un peu quand nous la réduisons au fait que le chrétien doit faire telle chose et doit croire telle chose. Il s'agit en revanche d'arriver à cette vérité qui nous touche, à cet amour qui est dans la vie chrétienne : l'amour du Père qui dans le Christ, réconcilie le monde. C'est Dieu, en effet, qui réconcilie à lui le monde dans le Christ, en n'attribuant pas aux hommes leurs fautes et en nous confiant la parole de réconciliation. Le Christ nous a réconciliés. Telle est l'attitude du chrétien, telle est la paix du chrétien. Les philosophes disent que la paix est une certaine tranquillité dans l'ordre. Que tout soit ordonné, que tout soit tranquille. Mais ce n'est pas la paix chrétienne. La paix chrétienne, est une paix inquiète, ce n'est pas une paix tranquille. La paix chrétienne nous pousse à aller de l'avant et cela est le début, l'origine du zèle apostolique. Cela ne signifie pas d'aller faire du prosélytisme pour faire croître les statistiques. Ce que le Seigneur veut de nous est précisément l'annonce de la réconciliation, qui est le centre de son message : le Christ s'est fait péché pour moi et les péchés sont là, dans son corps, dans son âme. Tel est le scandale de la croix. » Le Pape a conclu son homélie en demandant la grâce que le « Seigneur nous donne cette sollicitude pour annoncer Jésus ; qu'il nous donne la sagesse chrétienne, qui est née précisément de son côté transpercé par amour. Et qu'il nous convainque également que la vie chrétienne n'est pas une thérapie terminale pour rester en paix jusqu'au ciel. La vie chrétienne est sur la route, dans la vie, avec cette sollicitude de Paul. L'amour du Christ nous pousse, nous presse. Avec cette émotion que l'on ressent lorsqu'on voit que Dieu nous aime ».

Lundi 17 juin 2013

Le rien et le tout du chrétien

« Le rien est la semence de la guerre, toujours ; parce qu'il est la semence de l'égoïsme. Le tout, le grand tout, c'est Jésus ». C'est sur la compréhension correcte de ce binôme que se fondent la douceur et la magnanimité qui distinguent le chrétien. Tels sont les paroles du pape François lors de la messe du 17 juin. Commentant les lectures du jour, tirées de la deuxième lettre de saint Paul aux Corinthiens (6,1-10) et de l'Évangile de Matthieu (5,38-42), le Pape s'est arrêté sur le sens de ce qu'il a appelé « un classique » des enseignements évangéliques, c'est-à-dire le sens de ce que dit Jésus à propos de la gifle reçue sur la joue, à laquelle le chrétien répond en offrant l'autre joue. « Quelque chose, a dit le Pape, qui va contre la logique du monde, selon laquelle à une offense on répond par une réaction égale et contraire, parce que nous devons nous défendre, nous devons nous battre, nous devons défendre notre place. Et si on nous donne une gifle, nous en donnerons deux. C'est cela qui est logique, qui est normal, non ? Mais Jésus va plus loin et dit qu'après avoir reçu une gifle, il faut faire une halte avec l'autre, lui consacrer du temps. Et s'il demande quelque chose, il faut lui donner bien plus. Cela est la loi de Jésus : La justice qui conduit à une autre justice, totalement différente de l'œil pour œil, dent pour dent. » Le Saint-Père a ensuite rappelé l'attention sur la phrase par laquelle Paul conclut la page du passage lu pendant la liturgie. « Parce que, a-t-il expliqué, il nous dit une parole qui nous aidera peut-être à comprendre le sens de la gifle sur la joue et le reste. Il finit, en effet, en disant cela : "Comme gens qui n'ont rien, nous qui possédons tout." ». C'est le binôme sur lequel l'Évêque de Rome a invité à réfléchir : le rien et le tout. « C'est, je crois, a-t-il précisé, la clé d'interprétation de cette parole de Jésus, la clé pour bien interpréter cette justice que Jésus nous demande, une justice supérieure à celle des scribes et des pharisiens. Comment se résout la tension entre le tout et le rien ? Le tout constitue l'assurance chrétienne : Nous sommes sûrs que nous possédons tout, tout avec le salut de Jésus Christ. Et Paul en était convaincu au point qu'il dit : mais pour moi ce qui importe c'est Jésus Christ, le reste n'a pas d'importance ; le reste pour moi est à jeter. Le tout est Jésus Christ. Les autres choses ne sont rien pour le chrétien. En revanche pour l'esprit du monde le tout, ce sont les choses : les richesses, la vanité, l'importance, et au contraire le rien, c'est Jésus. » La grâce invoquée par le Pape est que le Seigneur « élargisse notre cœur, et nous fasse humbles, doux et magnanimes, parce que nous avons tout en Lui ; en nous préservant de créer des problèmes quotidiens autour du rien ».

Mardi 18 juin 2013

L'art d'aimer ses ennemis

Aimer nos ennemis, ceux qui nous persécutent et nous font souffrir, est difficile et ce n'est même pas une « bonne affaire » car cela nous appauvrit. Et pourtant telle est la route parcourue par Jésus pour notre salut. C'est de cela qu'a parlé le pape François dans son homélie lors de la messe célébrée mardi 18 juin. En reprenant des épisodes de la deuxième lettre de saint Paul aux Corinthiens (8,1-9) et de l'Évangile de Matthieu (5,43-48), le Saint-Père s'est arrêté sur la difficulté d'aimer ses ennemis et s'est demandé comment il est possible de pardonner : « Nous aussi, nous tous, nous avons des ennemis, tous. Certains ennemis sont faibles, d'autres forts.

Nous aussi, nous devenons parfois les ennemis d'autres personnes ; nous ne les aimons pas. Jésus nous dit que nous devons aimer nos ennemis. Face aux nombreux drames qui frappent l'humanité, il est difficile de faire ce choix : comment peut-on aimer, en effet, ceux qui prennent la décision d'effectuer un bombardement et de tuer tant de personnes ? Comment peut-on aimer ceux qui, par amour de l'argent, ne laissent pas les médicaments parvenir à ceux qui en ont besoin, aux personnes âgées, et les laissent mourir ? Comment peut-on aimer les personnes qui ne recherchent que leur intérêt, leur pouvoir et qui font tant de mal ? Je ne sais pas comment on peut faire. Mais Jésus nous dit deux choses : tout d'abord, nous tourner vers le Père. Notre Père est Dieu : il fait naître le soleil sur les méchants et sur les bons ; il fait pleuvoir sur les justes et les injustes. Le matin, notre Père ne dit pas au soleil : Aujourd'hui, illumine ceux-ci et ceux-là ; pas ceux-là, laisse-les dans l'ombre ! Il dit : "Illumine-les tous". Son amour est pour tous, son amour est un don pour tous, les bons et les méchants. Et Jésus termine avec ce conseil : "Vous, donc, soyez parfaits, comme votre Père céleste est parfait". L'indication de Jésus est donc d'imiter le Père dans cette perfection de l'amour. Lui, il pardonne à ses ennemis. Il fait tout pour leur pardonner. Pensons avec combien de tendresse Jésus reçoit Judas dans le jardin des oliviers, alors que parmi les disciples certains pensent à la vengeance. La vengeance est ce plat si bon quand on le mange froid et c'est pourquoi nous attendons le moment juste pour l'accomplir. Mais cela n'est pas chrétien. Jésus nous demande d'aimer nos ennemis. Comment peut-on faire ? Jésus nous dit : "priez, priez pour vos ennemis". La prière fait des miracles. »

Mercredi 19 juin 2013

La grâce de la joie et de la magnanimité

« Des intellectuels sans talent, des éthiciens sans bonté, porteurs de beautés de musées » : telles sont les catégories d'« hypocrites que Jésus réprouve tant ». Le pape François les a indiquées lors de la messe du 19 juin, en s'arrêtant sur l'hypocrisie qui existe aussi dans l'Église et sur le mal qu'elle produit. Dans son homélie, le Pape a rappelé « que le Seigneur parle plusieurs fois de l'hypocrisie dans l'Évangile » et « contre les hypocrites », en citant les trois épisodes les plus significatifs. Le premier quand les pharisiens veulent mettre Jésus à l'épreuve, en demandant s'il était licite de payer la taxe à César (*Mt* 22,15-22) ; le deuxième, quand les sadducéens lui soumettent le cas de la femme sept fois veuve (*Mt* 22,24-30). De ces premiers épisodes, il apparaît pour le Pape une catégorie spécifique d'hypocrites ; ceux qui « prenaient la route de la casuistique » et de cette manière « voulaient faire tomber Jésus dans un piège ». La troisième fois où l'on fait référence aux hypocrites, de manière « encore plus forte », a fait remarquer le Saint-Père, se trouve dans le chapitre 23 de l'Évangile de Matthieu, quand le Christ s'adresse aux scribes et aux pharisiens à travers un appel que le Pape a résumé ainsi : « Hypocrites, vous qui n'entrez pas dans le royaume des cieux, qui ne laissez pas entrer les autres ; hypocrites, vous qui élargissez les phylactères et allongez les franges ». Cette typologie d'hypocrites entre pour le pape François dans une deuxième casuistique : celle de ceux qui prennent la route des préceptes, qui passent à travers « tant de préceptes à cause desquels la parole de Dieu ne semble pas féconde » ; et « aussi la route de la vanité », celle des phylactères et des franges. « Ils deviennent vaniteux et finissent par se rendre ridicules », a-t-il commenté. En somme, a résumé le Saint-Père, « les premiers sont les hypocrites de la casuistique, ce sont les intellectuels de la casuistique, qui n'ont pas l'intelligence de trouver, d'expliquer Dieu ; ils restent seulement dans la casuistique : jusqu'ici on peut, jusque-là on ne peut pas. Ce sont des « chrétiens intellectuels sans talent ». Ensuite, le pape François a rappelé « l'hypocrisie dans l'Église ». « Que de mal cela nous fait à tous ! s'est-il exclamé. Car nous avons tous la possibilité de devenir hypocrites ». C'est pourquoi le Pape a invité à penser à Jésus, « qui parle de prière dans la retraite, de nous parfumer la tête le jour du jeûne et de ne pas faire retentir la trompette quand nous accomplissons une bonne œuvre ».

Jeudi 20 juin 2013

Prier le Notre Père

Il n'y a pas besoin de tant de paroles pour prier, le Seigneur sait ce que nous voulons lui dire. L'important est que la première parole de notre prière soit « Père ». C'est le conseil de Jésus aux apôtres qu'a reproposé le pape François lors de la messe du 20 juin. Le Pape a donc répété les recommandations de Jésus au moment où il a enseigné aux apôtres le Notre Père, selon le récit de l'évangéliste Matthieu (6,7-15). Pour prier, a dit en substance le Pape, il n'est pas nécessaire de faire du bruit, ni de croire qu'il soit préférable de beaucoup parler. Il ne faut pas s'en remettre au bruit, au bruit de la mondanité identifié par Jésus dans le fait de « claironner » ou de « se faire remarquer le jour du jeûne ». Pour prier, a-t-il répété, le bruit de la vanité n'est pas nécessaire. Jésus a dit que c'est un comportement propre aux païens. Le pape François est allé également plus loin en affirmant que la prière ne doit pas être considérée comme une formule magique : « La prière n'est pas une chose magique ; on ne fait pas de magie avec la prière. » En racontant, comme il le fait souvent, son expérience personnelle, il a dit qu'il ne s'est jamais adressé à des sorciers qui promettent de la magie, mais qu'il a entendu parler de ce qui a lieu au cours des rencontres de ce type : on prononce beaucoup de paroles pour obtenir « parfois la guérison, parfois quelque chose d'autre » avec l'aide de la magie. Mais, a-t-il averti, « ce sont des pratiques païennes ». Comment doit-on prier alors ? C'est Jésus qui nous l'a enseigné : « Il dit que le Père qui est au ciel "sait de quoi vous avez besoin, avant même que vous ne le lui demandiez". Que la première parole soit donc "Père". Telle est la clé de la prière. Sans prononcer, sans entendre cette parole, on ne peut pas prier ». Il faut « prier le Père », celui qui nous a engendrés, mais pas seulement. Il faut prier « notre » Père, c'est-à-dire non le Père de « tous », qui est trop anonyme et générique, mais celui « qui t'a engendré, qui t'a donné la vie, à toi, à moi », en tant que personne individuelle, a expliqué le Pape. C'est le Père « qui t'accompagne sur ton chemin », celui qui

« connaît toute ta vie, toute », celui qui sait ce qui « est bon et qui est moins bon. Il connaît tout ». Mais cela ne suffit pas encore : « Si nous ne commençons pas la prière avec ces mots qui ne sont pas prononcés par les lèvres, mais par le cœur, nous ne pouvons pas prier comme des chrétiens ». Mais, s'est encore demandé le Pape, est-ce « seulement mon père à moi ? ». « Non, c'est notre Père, parce que je ne suis pas fils unique. Aucun de nous ne l'est. Si je ne peux pas être un frère, je pourrais difficilement devenir le fils de ce Père, car c'est un Père qui est assurément le mien, mais aussi des autres, de mes frères. De cela découle le fait que si je ne suis pas en paix avec mes frères, je ne peux pas l'appeler Père. Ainsi s'explique pourquoi Jésus, après nous avoir enseigné le Notre Père, dit immédiatement : “En effet, si vous pardonnez leurs fautes aux autres, votre Père qui est aux cieux vous pardonnera à vous aussi”. Le pardon entre donc en jeu. Mais il est si difficile de pardonner aux autres, cela est vraiment difficile, car nous portons toujours en nous de l'amertume. On ne peut pas prier en conservant dans son cœur de la rancœur pour ses ennemis. »

Vendredi 21 juin 2013

Un cœur à la recherche du véritable trésor

L'amour, la charité, le service, la patience, la bonté, la tendresse, sont les « très beaux trésors » dont a parlé le pape François le 21 juin. Comme à son habitude, il a centré sa réflexion sur les lectures du jour, en trouvant en particulier dans le passage de l'Évangile de Matthieu (6,19-23) un « fil conducteur » entre les termes « trésor, cœur et lumière » et en souhaitant que « le Seigneur change notre cœur pour chercher le véritable trésor et devenir ainsi des personnes lumineuses et non des ténèbres ». La première chose à faire, a expliqué le Saint-Père est de se demander : « Quel est mon trésor ? ». Et cela ne peut assurément pas être les richesses, étant donné que le Seigneur dit : « N'accumulez pas pour vous des trésors sur la terre, car à la fin ils se perdent ». « Du reste, a souligné le Pape, ce sont des trésors risqués, qui se perdent ; et ce sont aussi des trésors que nous devons laisser, nous ne pouvons pas les emporter avec nous. Je n'ai jamais vu un camion de déménagement derrière un enterrement. » Il s'est alors demandé quel est le trésor que nous pouvons emporter avec nous à la fin de notre existence terrestre. La réponse est simple : « Tu peux emporter ce que tu as donné, uniquement cela. Mais ce que tu as économisé pour toi ne peut pas être emporté. Ce sont des choses qui peuvent être dérobées par des voleurs, ou bien des choses qui s'abîment, ou bien des choses qui seront prises par les héritiers. Alors que ce trésor que nous avons donné aux autres au cours de notre vie, nous l'emporterons avec nous après la mort et celui-ci sera notre mérite ; ou mieux, le mérite de Jésus Christ en nous. C'est l'unique chose que le Seigneur nous laisse emporter. Jésus lui-même l'a clairement dit aux docteurs de la loi qui se vantaient de la beauté du temple de Jérusalem : "Il ne restera pas pierre sur pierre." Jésus ne se limite pas à la critique ; il accomplit un pas en avant. Là où se trouve ton trésor, se trouvera également ton cœur. »

Samedi 22 juin 2013

Les piliers du salut chrétien

Les richesses et les préoccupations du monde font oublier le passé, confondent le présent et rendent l'avenir incertain. Elles font perdre de vue les trois piliers sur lesquels se fonde l'histoire du salut chrétien : un Père qui dans le passé nous a élus, qui nous a fait une promesse pour notre avenir, et auquel nous avons répondu en passant avec lui, dans le présent, une alliance. Tel est le sens de la réflexion proposée par le pape François au cours de la messe du 22 juin. L'homélie s'est développée sur le récit proposé par l'Évangile de Matthieu (6,24-34), là où l'on parle des recommandations de Jésus aux disciples : « quand il dit : "Personne ne peut servir deux maîtres, parce qu'il haïra l'un et il aimera l'autre. Vous ne pouvez pas servir Dieu et la richesse". Puis il continue : "C'est pourquoi je vous dis : Ne vous inquiétez pas de votre vie, de ce que vous mangerez et de ce que vous boirez" ». « Pour comprendre cela, nous sommes aidés, a dit le Pape, par le chapitre 13 de saint Matthieu, qui raconte quand Jésus explique aux disciples la parabole du semeur. Il dit que la graine qui est tombée dans une terre avec des épines, est étouffée. Mais qui l'étouffe ? Jésus dit : "les richesses et les préoccupations du monde". On voit que Jésus avait une idée claire sur cela. Donc, les richesses et les préoccupations du monde étouffent la parole de Dieu. Et elle ne la laisse pas grandir. Et la Parole meurt car elle n'est pas gardée, elle est étouffée. Dans ce cas-là on sert la richesse ou la préoccupation du monde, mais pas la parole de Dieu. » En concluant l'homélie, le Pape a exhorté à demander au Seigneur la grâce de ne pas se tromper en donnant du poids aux préoccupations et à l'idolâtrie des richesses, mais en se souvenant toujours que « nous avons un père qui nous a élus et qui nous promet quelque chose de bon » ; nous devons donc « marcher vers cette promesse en prenant le présent comme il vient ».

Dimanche 23 juin 2013

Qui suis-je pour toi ?

« Mais vous, qui dites-vous que je suis ? ». La question que Jésus adresse aux apôtres continue encore aujourd'hui à interpeller la conscience des chrétiens. Et elle exige d'eux une réponse non « aseptisée » ou intellectuelle, mais une réponse qui vient « du cœur ». Tel a été le fil conducteur de l'homélie de la messe du 23 juin. Comment répondre à cette question ? Le Saint-Père a suggéré de s'inspirer de la prière de la collecte récitée au cours de la messe. Dans celle-ci, a-t-il rappelé, « nous avons demandé une grâce, une grâce spéciale qui nous aidera à répondre : "Donne à ton peuple, Père, de vivre toujours dans la vénération et dans l'amour pour ton saint nom..." ». Ce n'est donc qu'à « Jésus que nous pouvons répondre avec la vénération et l'amour pour son saint nom. Notre cœur est-il un cœur qui vénère Jésus, un cœur qui aime Jésus ? Ce n'est qu'à partir de là que nous pouvons répondre ; toute autre solution devient une formule qui ne nous interpelle pas, qui ne nous défie pas. Donc, quand Jésus pose ces questions, "Qui suis-je pour toi ?", il faut penser à cela : je suis établi sur le roc de son amour. Il me guide. Je dois répondre fermement sur ce roc et sous sa direction. Même si nous savons qu'en nous quelque chose ne va pas bien, il faut fuir toute tentation d'avoir honte de soi-même, en répondant avec vérité, suivant l'exemple de Pierre, qui en vient à dire : "Seigneur, tu sais tout, tu sais que je veux vivre toujours dans la vénération et dans l'amour de ton saint nom. Tu sais tout. Tu es le monde pour moi". Ne jamais avoir honte, ne pas cacher les péchés. Il nous aime tant quand nous nous sentons pécheurs. Il nous aime tant, comme il a aimé Pierre, qui a été placé à la tête de l'Église malgré ses péchés. De la même manière, avec nous aussi le Seigneur fera quelque chose de bon, car il est le plus grand. Et si nous nous laissons guider par la vénération et par l'amour, en nous sentant solides comme sur le roc, cela nous fera beaucoup de bien, nous fera aller de l'avant avec assurance en portant la croix de chaque jour, qui est parfois lourde. »

Mardi 25 juin 2013

L'appel d'Abraham

La route pour la paix au Moyen-Orient est celle qui est indiquée par la « sagesse » d'Abraham, père commun dans la foi pour les juifs, les chrétiens et les musulmans. C'est ce qu'a dit le pape François pendant la messe célébrée mardi 25 juin, se référant « à la lutte pour la terre » entre Abraham et Lot, racontée au chapitre 13 de la Genèse (2,5-18). « Quand je lis cela, je pense au Moyen-Orient et je demande avec force au Seigneur qu'il nous donne à tous la sagesse, cette sagesse : nous nous disputons — toi d'un côté et moi de l'autre — pour la paix. Et Abraham nous rappelle que personne n'est chrétien par hasard, car Dieu nous appelle par notre nom et avec une promesse. Nous aussi, chrétiens, nous avons été appelés individuellement. Personne de nous n'est chrétien par pur hasard, personne. Il y a un appel pour toi, pour toi, pour toi. C'est un appel par notre nom, avec une promesse : va de l'avant, je suis avec toi, je marche à tes côtés. Cela, Jésus le savait aussi, lui qui, dans les moments les plus difficiles, s'adresse au Père, comme c'est le cas dans le jardin des oliviers. Et à la fin, quand il ressent cette obscurité si profonde, il dit : "Père, pourquoi m'as-tu abandonné ?". Cela se passe donc toujours en relation avec le Père qui l'a appelé et l'a envoyé. Et lorsqu'il nous quitte le jour de l'Ascension, il nous dit aussi cette belle parole : "Je serai avec vous tous les jours, à vos côtés" : à tes côtés, à tes côtés, à tes côtés. Toujours. Dieu nous accompagne, Dieu nous appelle par notre nom, Dieu nous promet une descendance. Telle est la certitude du chrétien ce n'est pas un hasard, c'est un appel. Un appel qui nous fait aller de l'avant. Être chrétien est un appel d'amour, d'amitié. Un appel à devenir fils de Dieu, frère de Jésus, à devenir fécond dans la transmission de cet appel aux autres, à devenir un instrument de cet appel. Assurément, il y a de nombreux problèmes, des moments difficiles. Jésus lui aussi en a tant passé, mais toujours avec cette certitude : le Seigneur m'a appelé, le Seigneur est avec moi, le Seigneur m'a promis. Mais peut-être le Seigneur s'est-il trompé sur mon compte ? Le Seigneur est fidèle, car Il ne peut jamais se renier lui-même. Il est la fidélité. L'important est d'aller de l'avant, avec le Seigneur. Aller de l'avant avec cette promesse qu'il nous a faite, avec cette promesse de fécondité ; et dire aux autres, raconter aux autres, que le Seigneur est avec nous, que le Seigneur nous a choisis et qu'il ne nous laisse jamais seuls. Cette certitude de chrétien nous fera du bien. » Le pape François a conclu avec le souhait que « le Seigneur nous donne à tous cette envie d'aller de l'avant qu'a eue Abraham », même parmi les difficultés. Aller de l'avant, avec la certitude d'Abraham, la certitude que le Seigneur « m'a appelé, qu'il m'a promis tant de belles choses, qu'il est avec moi ».

Mercredi 26 juin 2013

La joie de la paternité pastorale

La grâce de la paternité : c'est sur ce thème que le pape François a centré son homélie lors de la messe du 26 juin. Le Pontife a souligné en particulier que « nous tous, pour être mûrs, nous devons ressentir la joie de la paternité ». Un discours, a-t-il tout de suite ajouté, qui vaut aussi dans le cas du célibat sacerdotal parce que la « paternité, c'est donner vie aux autres » : pour les prêtres, ce sera donc « la paternité pastorale, la paternité spirituelle » qui est toujours et de toute façon « donner la vie, devenir pères ». Avec le Saint-Père a concélébré, entre autres, le cardinal Salvatore De Giorgi, accompagné d'amis et d'environ quatre-vingt prêtres proches de lui qui ont voulu fêter le soixantième anniversaire de son ordination, le 28 juin 1953. Dans son homélie, le Pape a fait référence aux lectures du jour en s'arrêtant notamment sur la première, tirée du Livre de la Genèse (15,1-12.17-18), qui parle de l'alliance d'Abraham avec le Seigneur. Notre père dans la foi, a-t-il expliqué, « sentait que le Seigneur l'aimait tant, qu'il lui avait promis tant de choses, mais il sentait la nécessité d'un fils » ; il sentait en lui « ce cri propre de la nature : je veux avoir un fils ». Alors, a rappelé le Pontife, il parla avec le Seigneur de « son désir de devenir père ». Parce que, a-t-il affirmé « quand un homme n'a pas ce désir » cela signifie que quelque chose lui manque, « quelque chose ne va pas ». Le Saint-Père a ensuite lié le thème de l'homélie à la présence du cardinal De Giorgi et des amis présents avec lui. « Aujourd'hui, a-t-il dit, le Seigneur nous donne aussi la grâce de ce passage de la Bible au cours de cette messe où nous fêtons un père. Je ne sais pas ce qu'a fait ce cher Salvatore, mais je suis sûr qu'il a été père et la participation de si nombreux prêtres à sa joie en est un signe. » À ce propos, François a confié avoir vu de la fenêtre de sa résidence, avant le début de la messe, l'arrivée du groupe de prêtres « avec des cadeaux, avec de nombreuses choses », et avoir pensé : « ceux-ci viennent saluer le père ». Parce que, a-t-il expliqué, « il y a des gestes qui sont clairs », ce sont des « gestes de fils qui vont vers le père ». Et le cardinal De Giorgi quant à lui, « peut remercier le Seigneur pour cette grâce qu'il lui a donnée ». Une « belle vie », a dit le Pape en se référant au ministère du prélat dans divers diocèses des Pouilles et dans l'archidiocèse de Palerme, une vie dans laquelle « la chose la plus belle est qu'il est père ; il est père, il a parié sur la paternité et il a gagné ». S'adressant ensuite aux prêtres présents, il a les a exhortés : « Vous aussi, portez de l'avant la paternité des prêtres, celle que vous avez vue chez cet homme. »

Jeudi 27 juin 2013

Chrétiens d'action et de vérité

Nous avons besoin de « chrétiens d'action et de vérité », dont la vie est « fondée sur le roc de Jésus », et non pas de « chrétiens de paroles » superficiels comme les gnostiques ou rigides comme les pélagiens. C'est ce qu'a dit le pape François, en reprenant un thème qui lui est cher, au cours de la messe célébrée le 27 juin. La réflexion du Pape, inspirée par les lectures du jour, s'est fondée en particulier sur le passage de l'Évangile de Matthieu (7,21-29) dans lequel « le Seigneur nous parle de notre fondement, le fondement de notre vie chrétienne », et nous dit que ce « fondement est le roc ». Cela signifie que « nous devons construire la maison », c'est-à-dire notre vie, sur le roc qu'est le Christ. Dans le passage évangélique, a rappelé le Saint-Père, Jésus évoque ceux qui croient pouvoir construire leur vie uniquement sur les paroles : « Quiconque dit "Seigneur, Seigneur" n'entrera pas nécessairement dans le royaume des cieux ». Mais, a averti le Pape, Jésus propose immédiatement d'édifier « notre maison sur le roc ». À partir de cet enseignement, le pape François a identifié « dans l'histoire de l'Église deux catégories de chrétiens » : les premiers, dont il faut se garder, sont les « chrétiens de paroles », c'est-à-dire ceux qui se limitent à répéter : « Seigneur, Seigneur, Seigneur ! » ; les seconds, les authentiques, sont les « chrétiens d'action, de vérité ». « La pluie tomba, les fleuves débordèrent, les vents soufflèrent, mais lorsqu'il y a le roc, il y a la sécurité. Au contraire, lorsqu'il n'y a que les paroles, les paroles volent, elles ne servent à rien. On finit en pratique dans la tentation de ces "chrétiens de paroles" : un christianisme sans Jésus, un christianisme sans le Christ. Et malheureusement cela a été le cas et est le cas aujourd'hui dans l'Église. Il s'agit d'une tentation qui dans l'histoire de l'Église est présente de manière très diversifiée et qui a donné lieu à diverses catégories de chrétiens sans Christ.

Celle du « chrétien *light* » qui au lieu d'aimer le roc aime les belles paroles, les belles choses et qui s'adresse à un dieu *spray*, un dieu personnel, avec une attitude de superficialité et de légèreté. Cette tentation existe aujourd'hui encore : des chrétiens superficiels qui croient vraiment en Dieu, mais pas en Jésus Christ, celui qui te donne un fondement. » Le Pape les a définis de « gnostiques modernes », ceux qui cèdent à la tentation d'un christianisme fluide. À la seconde catégorie appartiennent en revanche « ceux qui croient que la vie chrétienne doit être prise extrêmement au sérieux et qui finissent par confondre solidité et fermeté avec rigidité ». Le Saint-Père les définit comme des « chrétiens rigides, qui pensent que pour être chrétiens, il faut se mettre en deuil, en prenant toujours tout au sérieux, attentifs aux formalismes, comme le faisaient les scribes et les pharisiens de l'époque de Jésus ». Pour le Pontife, ce sont « les pélagiens d'aujourd'hui, qui croient dans la fermeté de la foi ». Et ils sont convaincus que « le salut réside dans la façon dont je fais les choses » : « je dois les faire sérieusement », sans joie. Le Pontife a commenté : « Il y en a beaucoup. Ce ne sont pas des chrétiens. Ils sont déguisés en chrétiens. » Voilà donc l'enseignement d'aujourd'hui du Seigneur selon le pape François : « Une invitation à construire notre vie chrétienne sur le roc qui nous donne la liberté et qui nous fait aller de l'avant avec joie sur son chemin, dans ses propositions. »

Vendredi 28 juin 2013

Le mystère de la patience de Dieu

Il n'existe pas « un protocole de l'action de Dieu sur notre vie », mais nous pouvons être certains qu'un jour ou l'autre, il intervient « à sa manière ». Pour cela, nous ne devons pas nous laisser gagner par l'impatience ou par le scepticisme, également parce que quand nous nous décourageons et « si nous décidons de descendre de la croix, nous le faisons toujours cinq minutes avant la révélation ». C'est cette invitation à savoir accepter et à reconnaître les temps de Dieu que le Pape a adressée aux fidèles lors de la messe du 28 juin. Dieu marche toujours avec nous « et cela est certain » a dit le Pape. « Du premier moment de la création, le Seigneur est engagé avec nous. Il n'a pas créé le monde, l'homme, la femme pour les laisser. Il nous a créés à son image et à sa ressemblance ». Donc, dès le commencement des temps, on trouve « cette implication du Seigneur dans notre vie, dans la vie de son peuple, parce que le Seigneur est proche de son peuple, très proche ». Il le dit lui-même : quel peuple sur la terre comme vous a un Dieu aussi proche ? « Cette proximité du Seigneur, a affirmé le pape François, est un signe de son amour ; il nous aime tant qu'il a voulu cheminer avec nous. La vie est un chemin qu'il a voulu faire avec nous. Et le Seigneur entre toujours dans notre vie et nous aide à aller de l'avant. Mais, quand le Seigneur vient, il ne le fait pas toujours de la même manière. Il n'existe pas un protocole de l'action de Dieu sur notre vie. Un jour, il le fait d'une manière, un autre jour, il le fait d'une autre. Mais il le fait toujours. Il y a toujours cette rencontre entre nous et le Seigneur. Le Seigneur prend son temps, mais lui aussi dans ce rapport avec nous, a une grande patience. Nous ne sommes pas les seuls à devoir être patients. Lui a la patience, lui nous attend. Et il nous attend jusqu'à la fin de la vie, avec le bon larron qui juste à la fin a reconnu Dieu. Le Seigneur marche avec nous, mais très souvent, il ne se fait pas voir, comme dans le cas des disciples d'Emmaüs. » Le Pape a conclu l'homélie en priant le Seigneur de concéder à tous la grâce de « marcher ensemble en sa présence en essayant d'être irrépréhensibles. C'est cela le chemin avec le Seigneur et lui intervient, mais nous devons attendre, attendre le moment en marchant toujours en sa présence et en essayant d'être irrépréhensibles ».

Lundi 1er juillet 2013

Une prière courageuse adressée au cœur du Seigneur

Si l'on veut obtenir quelque chose de Dieu, il faut avoir le courage de « négocier » avec lui à travers une prière insistante et convaincue, faite de peu de mots. C'est ainsi que le pape François a parlé du courage qui doit soutenir la prière adressée au Père, avec « toute la familiarité possible ». Et il a donné comme exemple la prière d'Abraham, sa manière de parler avec Dieu, exactement comme s'il était en train de négocier, précisément, avec un autre homme. Abraham, a rappelé le Pape, avait dépassé 100 ans. Depuis environ vingt-cinq ans, il parlait avec le Seigneur et il avait mûri une profonde connaissance de Lui. C'est donc au Seigneur qu'il s'adresse pour lui demander ce qu'il fera avec cette ville pécheresse de Sodome. Abraham se sent la force de parler face à face avec le Seigneur et il cherche à défendre cette ville. Il est insistant. « Il sent, a expliqué le Pape, que cette terre lui appartient et il cherche donc à sauver ce qui est à lui. Mais il perçoit, il ressent aussi, qu'il doit défendre ce qui appartient au Seigneur. Abraham est courageux et il prie avec courage. Du reste, dans la Bible, la première chose que l'on remarque est précisément l'affirmation que la prière doit être courageuse. Quand nous parlons de courage, nous pensons toujours au courage apostolique, à celui qui nous conduit à aller prêcher l'Évangile. Toutefois, il existe aussi le courage devant le Seigneur, la parousie devant le Seigneur : aller auprès du Seigneur en étant courageux pour lui demander des choses. Et Abraham parle avec le Seigneur d'une manière particulière, avec ce courage. » Le Pape a comparé la prière d'Abraham à un « magasin phénicien » dans lequel on négocie le prix et où celui qui achète cherche à tirer le plus possible pour baisser le prix. Abraham insiste et « de 50 il a réussi à baisser le prix à 10 », bien que sachant qu'il n'était pas possible d'éviter le châtiment pour les villes pécheresses. Mais il devait intercéder pour sauver « un juste, son cousin ». Avec courage, avec insistance, mais il allait de l'avant. Combien de fois, a rappelé le Pape, il sera arrivé à chacun de nous de se mettre à prier pour quelqu'un en disant : « Seigneur je te demande pour celui-ci, pour celui-là… Mais si une personne veut que le Seigneur lui accorde une grâce, elle doit aller avec courage et faire ce qu'a fait Abraham, avec insistance. Jésus lui-même dit que nous devons prier ainsi. » Et pour mieux faire comprendre cette idée, le Pape a évoqué plusieurs épisodes évangéliques montrant comment, en insistant, on peut obtenir du Seigneur ce que l'on demande. « Je voudrais, a-t-il conclu, qu'à partir d'aujourd'hui, pendant cinq minutes au cours de la journée, nous prenions tous la Bible et nous récitions lentement le *Psaume* 102, qui est celui que nous avons récité entre les deux lectures. "Bénis le Seigneur, ô mon âme, que ce qui es en moi bénisse son nom, n'oublie aucun de ses bienfaits. Car il pardonne toutes tes offenses et te guérit de toute maladie ; il réclame ta vie à la tombe et te couronne d'amour et de tendresse". Le prier en entier. Et de cette manière, nous apprendrons les choses que nous devons dire au Seigneur, quand nous demandons une grâce. »

Mardi 2 juillet 2013

Courageux dans la faiblesse

La tentation, la curiosité, la peur et enfin la grâce. Ce sont quatre situations qui peuvent avoir lieu lorsque l'on se trouve face à une difficulté. Le pape François s'est arrêté sur chacune d'elles au cours de la messe célébrée le 2 juillet. La première attitude est celle identifiable dans la lenteur avec laquelle Lot répond à l'invitation de l'ange qui lui dit de se dépêcher de quitter la ville avant qu'elle ne soit détruite. Le Pape a fait référence à l'épisode de la destruction de Sodome et Gomorrhe, rapporté dans le livre de la Genèse, et du salut obtenu par Abraham pour Lot et sa famille. « Je pense, a dit le Pape pour expliquer l'attitude de Lot, qu'il est très difficile de se détacher d'une situation de péché. Mais la voix de Dieu nous dit : “Fuis. Tu ne peux pas lutter là, car le feu, le souffre te tueront. Fuis !”. Sainte Thérèse de l'Enfant-Jésus nous enseignait que parfois, devant certaines tentations, l'unique solution est de fuir, de ne pas avoir honte de fuir, de reconnaître que nous sommes faibles, et que nous devons fuir. » La deuxième attitude est toujours tirée du récit de la fuite de Lot. « L'ange, a rappelé le Pape, dit de ne pas regarder en arrière : “Fuis et ne te retourne pas, vas de l'avant”. Il s'agit là aussi d'un conseil pour surmonter la nostalgie du péché. Un conseil qui revient dans la parole de Dieu. » Pour exemple, le Saint-Père a cité la fuite du peuple de Dieu dans le désert : il avait tout, il était fort des promesses faites par le Seigneur, il savait qu'il devrait traverser des difficultés pour aller de l'avant, mais il était également conscient de la présence constante du Seigneur auprès de lui. La troisième attitude est celle de la peur. La référence est l'épisode de la barque sur laquelle se trouvent les apôtres et qui est soudain frappée par la tempête. « La barque était recouverte par les flots, a rappelé le Pape. “Sauve-nous Seigneur ! Nous sommes perdus”, disent-ils. La peur est elle aussi une tentation du démon. Avoir peur d'aller de l'avant sur le chemin du Seigneur. On en arrive à préférer demeurer immobiles, même si l'on est écrasé par l'esclavage, parce que l'on a peur d'aller de l'avant. Jésus l'a dit tant de fois : "N'ayez pas peur". La peur ne nous aide pas », a dit le Pape. La quatrième attitude se rapporte à la grâce de l'Esprit saint, qui s'est manifestée « lorsque Jésus fait revenir l'accalmie sur la mer. Et tous sont stupéfaits. Devant le péché donc, devant la nostalgie, la peur, il est nécessaire de regarder le Seigneur, de contempler le Seigneur, en ressentant cet émerveillement si beau d'une nouvelle rencontre avec le Seigneur ».

Mercredi 3 juillet 2013

Toucher les plaies pour professer Jésus

Il faut sortir de nous-mêmes et aller sur les routes de l'homme pour découvrir que les plaies de Jésus sont visibles aujourd'hui encore sur le corps de tous nos frères qui ont faim, soif, qui sont nus, humiliés, esclaves, qui se trouvent en prison et à l'hôpital. Et c'est précisément en touchant ces plaies, en les caressant, qu'il est possible d'« adorer le Dieu vivant parmi nous ». La célébration de la fête de saint Thomas apôtre a offert au pape François l'occasion de revenir sur un concept qui lui tient particulièrement à cœur : mettre les mains dans la chair de Jésus. Le geste de Thomas qui met le doigt dans les plaies de Jésus ressuscité a été en effet le thème central de l'homélie de la messe du 3 juillet. L'on peut comprendre quelle était l'intention du Seigneur à l'égard de Thomas. En partant de son incrédulité, il ne l'a pas tant conduit à affirmer la résurrection, mais plutôt sa divinité. « Et Thomas, a dit le Pape, adore le Fils de Dieu. Mais pour adorer, pour trouver Dieu, le Fils de Dieu, il a dû mettre le doigt dans ses plaies, mettre la main sur son côté. Tel est le chemin. Il n'en existe pas d'autre. Naturellement, dans l'histoire de l'Église, il y a eu quelques erreurs dans le chemin vers Dieu. Certains ont cru que le Dieu vivant, le Dieu des chrétiens pouvait se trouver en allant plus haut dans la méditation. Mais cela est dangereux ; combien se perdent sur ce chemin et n'arrivent jamais ? Ils arrivent peut-être à la connaissance de Dieu, mais pas de Jésus Christ, Fils de Dieu, seconde personne de La Trinité. Ils n'arrivent pas à lui. C'est le chemin des gnostiques ; ils sont bons, ils travaillent, mais cela n'est pas le chemin juste, il est très compliqué et ne conduit pas à bon port. D'autres ont pensé que pour arriver à Dieu, nous devons êtres bons, mortifiés, austères et ils ont choisi la voie de la pénitence, uniquement la pénitence, le jeûne. Ceux-là non plus ne sont pas arrivés au Dieu vivant, à Jésus Christ Dieu vivant. Ils sont les pélagiens, qui croient que par leur effort ils peuvent arriver. Mais Jésus nous dit cela : “Sur le chemin nous avons rencontré Thomas”. Mais comment puis-je trouver les plaies de Jésus aujourd’hui ? Je ne peux pas les voir comme Thomas les a vues. On trouve les plaies de Jésus en accomplissant des œuvres de miséricorde, en donnant au corps, au corps et aussi à l’âme, mais je souligne au corps de ton frère couvert de plaies, parce qu’il a faim, parce qu’il a soif, parce qu’il est nu, parce qu’il est humilié, parce qu’il est esclave, parce qu’il est en prison, parce qu’il est à l’hôpital. Ce sont les plaies de Jésus aujourd’hui. Il n’est pas suffisant de constituer une fondation pour aider toutes les personnes, ni de faire tant de bonnes choses pour les aider. Tout cela est important, mais ne serait qu’un comportement de philanthropes. En revanche, nous devons toucher les plaies de Jésus, nous devons caresser les plaies de Jésus. Nous devons soigner les plaies de Jésus avec tendresse. Nous devons littéralement embrasser les plaies de Jésus. La vie de saint François a changé quand il a embrassé le lépreux, car il a touché le Dieu vivant et a vécu en adoration. Ce que Jésus nous demande de faire avec nos œuvres de miséricorde est ce que Thomas avait demandé : entrer dans les plaies. »

Jeudi 4 juillet 2013

La liberté des fils de Dieu

S'il existait une « carte d'identité » pour les chrétiens, la liberté figurerait assurément parmi les traits caractéristiques. La liberté des fils de Dieu, a expliqué le pape François lors de la messe du 4 juillet, est le fruit de la réconciliation avec le Père opérée par Jésus, qui a pris sur lui les péchés de tous les hommes et a racheté le monde avec sa mort sur la croix. « Personne, a précisé le Pontife, ne peut nous priver de cette identité. Réconcilier le monde en Christ au nom du Père : telle est la mission de Jésus. Toutes les autres, les guérisons, l'enseignement, les reproches, ne sont que des signes de ce miracle plus profond qui est la recréation du monde. Une belle prière de l'Église dit : "Ô

Seigneur, toi qui as créé de façon merveilleuse le monde, de manière plus merveilleuse encore tu l'as racheté, tu l'as recréé". La réconciliation est donc la recréation du monde et la mission la plus profonde de Jésus est la rédemption de nous tous, pécheurs. Et Jésus ne fait pas cela avec des mots, il ne le fait pas avec des gestes, il ne le fait pas en marchant sur la route, non ! Il le fait avec sa chair. C'est précisément lui, Dieu, qui devient l'un de nous, un homme, pour nous guérir de l'intérieur. Mais peut-on dire que Jésus s'est fait pécheur ? Il n'en est pas du tout ainsi, car il ne pouvait pas pécher. Saint Paul a le mot juste : il ne s'est pas fait pécheur, il s'est fait péché (*cf.* 2 *Co* 5,21). Il a pris sur lui tous les péchés. Et c'est beau, c'est la nouvelle création, c'est Jésus qui descend de la gloire et qui s'abaisse jusqu'à la mort et à la mort sur la croix. Telle est sa gloire et elle est notre salut. Et la croix, à la fin, se fait péché (*cf.* 2 *Co* 5,21). "Père pourquoi m'as-tu abandonné ?". Jésus était devenu péché pour nous libérer (*cf.* 2 *Co* 5,21), cela est le miracle le plus grand à travers lequel Jésus a fait de nous des fils de Dieu et nous a donné la liberté de fils. C'est pour cela que nous pouvons dire "Père". Autrement, nous n'aurions pas pu le dire.

C'est le grand miracle de Jésus. Nous, esclaves du péché, il nous a rendus libres, il nous a guéris. Cela nous fera du bien de penser à cela, et de penser qu'il est si beau d'être des fils. Cette liberté des fils est si belle, parce que le Fils est à la maison. Jésus nous a ouvert les portes de la maison, à présent, nous sommes à la maison. On comprend maintenant cette parole de Jésus : “courage mon fils, tes péchés te seront pardonnés”. Telle est la racine de notre courage : je suis libre, je suis fils, le Père m'aime et j'aime le Père. Demandons au Seigneur la grâce de bien comprendre son œuvre. »

Vendredi 5 juillet 2013

Miséricorde, fête et mémoire

Se laisser toucher par la miséricorde de Jésus, faire la fête avec Lui, maintenir vivante la « mémoire » du moment où nous avons rencontré dans notre vie le salut. Telle est la triple invitation jaillie de la réflexion du pape François lors de la messe du 5 juillet. Le Pape a commenté le passage de l'Évangile de Matthieu (9,9-13) dans lequel l'auteur parle de sa conversion, le collecteur des impôts que Jésus appelle à faire partie des douze. Le pape François a rappelé l'image de Jésus qui passe parmi ceux qui recevaient l'argent des impôts et qui le portaient aux Romains. « Ceux-ci, a-t-il souligné, étaient considérés comme des hommes peu recommandables, car doublement pécheurs : attachés à l'argent et aussi traîtres à la patrie. Parmi eux il y avait Matthieu, l'homme assis au bureau de la douane. Jésus le regarde et ce regard lui fait ressentir quelque chose de nouveau, quelque chose qu'il ne connaissait pas, un émerveillement intérieur. Il lui fait entendre l'invitation de Jésus : "suis-moi". Et à ce même instant, Matthieu est empli de joie. Matthieu dit oui ; il quitte tout et s'en va avec le Seigneur. C'est le moment de la miséricorde reçue et acceptée : je viens avec toi. Au premier moment de la rencontre, qui consiste en une expérience spirituelle profonde, en suit un autre : celui de la fête. Le récit évangélique continue en effet par la description de Jésus assis à table avec des publicains et des pécheurs, pour une fête avec tous ceux qui ne faisaient pas vraiment partie de la crème de la société, c'était même ceux qui avaient été mis au rebut de la société. Mais c'est la contradiction de la fête de Dieu : le Seigneur fait la fête avec les pécheurs. » En revanche, il la fait rarement avec les justes. Mais la vie n'est pas qu'une fête. Le pape Bergoglio le sait bien, lui qui, au cours de sa longue expérience pastorale de prêtre et d'évêque, comme il l'a confié au cours de la célébration, a souvent entendu la question : « père, après ces deux moments, l'émerveillement de la rencontre et la fête, toute la vie sera-t-elle une fête ? ». La réponse, a dit le Pape, est « non », parce que « la fête signifie commencer un nouveau chemin », mais après, il faut qu'il y ait « le travail quotidien, qui doit être alimenté par la mémoire de cette première rencontre ». Mais, s'est demandé le Pape, de quoi faut-il faire mémoire ? « Précisément de ces faits, de cette rencontre avec Jésus qui a changé ma vie, qui a fait preuve de miséricorde, qui a été si bon avec moi et qui m'a dit également : invite tes amis pécheurs, pour que nous fassions la fête. En effet, la mémoire de cette miséricorde et de cette fête donne la force à Matthieu et à tous ceux qui ont décidé de suivre le Christ pour aller de l'avant. »

Samedi 6 juillet 2013

Renouveau sans craintes

Une invitation à se laisser renouveler par l'Esprit saint, à ne pas avoir peur de la nouveauté, à ne pas craindre le renouveau dans la vie de l'Église, a été exprimée par le pape François dans l'homélie du 6 juillet. Il a rappelé « qu'être chrétien signifie se laisser renouveler par Jésus dans une nouvelle vie ». « Pour être un bon chrétien, a-t-il spécifié, il ne suffit pas de dire "je vais à la Messe tous les dimanches et je fais ceci, cela", comme s'il s'agissait d'une collection. La vie chrétienne n'est pas un "collage", un assemblage de choses. C'est un ensemble harmonieux, œuvre de l'Esprit saint. Il renouvelle tout. Il renouvelle notre cœur, notre vie et nous fait vivre d'une manière diverse, totalisante. On ne peut pas être chrétien par morceaux, à mi-temps. Être chrétien à mi-temps, cela ne va pas, il faut l'être dans la totalité et à plein temps. » Être chrétien signifie se laisser renouveler par l'Esprit saint. Pour reprendre les paroles de Jésus, cela signifie devenir vin nouveau. La nouveauté de l'Évangile, est une nouveauté dans la loi même inscrite dans l'histoire du salut. Et il s'agit d'une nouveauté qui dépasse nos personnes « et renouvelle les structures ». Pour cela, Jésus dit : « pour le vin nouveau sont nécessaires des outres nouvelles ». Dans la vie chrétienne, et aussi dans la vie de l'Église, se trouvent des structures caduques. Il est nécessaire de les renouveler. « L'Église a toujours été attentive au dialogue avec les cultures et cherche à se renouveler pour répondre aux diverses exigences dictées par les lieux, les temps et les personnes. C'est un travail que l'Église a toujours fait, dès le premier moment. Celui qui porte en avant ces nouveautés est depuis toujours l'Esprit saint. » François a ensuite rappelé le jour de Pentecôte, soulignant la présence de Marie aux côtés des apôtres. « Auprès de la Mère, les enfants sont en sécurité », et concluant l'homélie, il a invité à demander « la grâce de ne pas avoir peur de la nouveauté de l'Évangile, de ne pas avoir peur du renouveau qu'engendre l'Esprit saint, de ne pas avoir peur de laisser tomber les structures caduques qui nous emprisonnent. Et si nous avons peur, sachons que la Mère est avec nous ». Comme font les enfants qui se réfugient entre les bras de leur mère, nous aussi lorsque « nous avons un peu peur allons vers elle, qui garde et protège sous son manteau, avec sa protection de Mère ».

Lundi 2 septembre 2013

La menace du commérage

La langue, les commérages, les ragots sont des armes qui chaque jour assaillent la communauté humaine, en semant envie, jalousie et avidité du pouvoir. Avec elles, on peut en arriver à tuer une personne. C'est pourquoi parler de paix signifie aussi penser à tout le mal que l'on peut faire avec la langue.

C'est une profonde réflexion que propose le pape François dans l'homélie de la messe du lundi 2 septembre.

Le Pape s'est inspiré du récit du retour de Jésus à Nazareth, tel qu'il est proposé par Luc (4,16-30) dans un passage de l'Évangile parmi les plus « dramatiques », dans lequel, a dit le Pape, « on peut voir comment est notre âme » et comment le vent peut la faire tourner d'un côté à l'autre. « À Nazareth, a expliqué le Pape, tous attendaient Jésus. Ils voulaient le trouver. Et lui est allé trouver les siens. Pour la première fois, il revenait dans son village. Et eux l'attendaient parce qu'ils avaient entendu tout ce que Jésus avait fait à Capharnaüm, les miracles. Et quand commence la cérémonie, comme d'habitude, ils demandent à l'hôte de lire le livre. Jésus le fait et lit le livre du prophète Isaïe, qui était un peu la prophétie à son propos et c'est pourquoi il conclut la lecture en disant "Aujourd'hui s'accomplit cette écriture que vous avez écoutée". »

La première réaction, a expliqué le Pape, a été très belle, tout le monde a apprécié. Mais ensuite, dans l'âme de certains, a commencé à s'insinuer le ver de l'envie et on a commencé à dire « Mais où a-t-il étudié celui-là ? N'est-ce pas le fils de Joseph ? Et nous connaissons toute sa parentèle. Mais dans quelle université a-t-il étudié ? ». Et ils ont commencé à demander qu'il fasse un miracle : ce n'est qu'alors qu'ils croiraient. « Ceux-là, a précisé le Pape, voulaient du spectacle : "Fais un miracle et nous croirons en toi". Mais Jésus n'est pas un artiste ».

Jésus ne fit pas de miracles à Nazareth. Il souligna au contraire le peu de foi de qui demandait du « spectacle ». Et eux, a noté le pape François, « sont rentrés dans une grande colère, ils se sont levés et ils poussaient Jésus jusqu'au mont pour le jeter et le tuer ». Ce qui avait commencé dans la joie menaçait de se conclure par un crime, l'assassinat de Jésus « par jalousie, par envie ». Mais il ne s'agit pas seulement d'un événement qui a deux mille ans, a souligné l'Évêque de Rome. « Cela arrive tous les jours dans notre cœur, dans nos communautés, chaque fois que l'on accueille quelqu'un en parlant bien de lui le premier jour et puis de moins en moins bien, jusqu'à arriver aux commérages presque jusqu'à l'écorcher. Celui qui, dans une communauté, cancane contre un frère finit par vouloir le tuer. L'apôtre Jean, dans la première lettre, chapitre 3, verset 15, nous dit cela : celui qui hait son frère dans son cœur est un assassin. Nous sommes habitués aux commérages, aux ragots et souvent nous transformons nos communautés et même notre famille en un enfer où se manifeste cette forme de criminalité qui conduit à tuer son frère et sa sœur avec sa langue.

La Bible dit que le diable est entré dans le

monde par jalousie. Une communauté, une famille peut être détruite par cette jalousie qu'enseigne le diable dans le cœur et fait que l'un parle mal de l'autre. » Et, se référant à ce qui advient ces derniers jours, le Pape a souligné qu'il faut penser aussi à nos armes quotidiennes : « la langue, les commérages, les ragots ».

Ainsi, comment construire une communauté ? « De la manière dont est construit le ciel a répondu le Pape. De la manière dont l'annonce la parole de Dieu : Vient la voix de l'archange, le son de la trompette de Dieu, le jour de la résurrection. Et il dit ensuite : et ainsi serons-nous pour toujours avec le Seigneur. Donc, pour qu'il y ait la paix dans une communauté, dans une famille, dans un pays, dans le monde, nous devons commencer par être avec le Seigneur. Et là où se trouve le Seigneur, il n'y a pas d'envie, il n'y a pas de criminalité, il n'y a pas de jalousies. Il y a la fraternité. Demandons cela au Seigneur : ne jamais tuer notre prochain avec notre langue et être avec le Seigneur comme nous tous serons au ciel. »

Mardi 3 septembre 2013

Une lumière douce, humble et pleine d'amour

L'humilité, la douceur, l'amour, l'expérience de la croix sont les moyens à travers lesquels le Seigneur vainc le mal. Et la lumière que Jésus a apportée dans le monde vainc la cécité de l'homme, souvent aveuglé par la fausse lumière du monde, plus puissante mais trompeuse. C'est à nous de savoir discerner quelle lumière vient de Dieu. Tel est le sens de la réflexion proposée par le pape François au cours de la messe célébrée mardi 3 septembre.

En commentant la première lecture, le Saint-Père s'est arrêté sur la « belle parole » que saint Paul adresse aux Thessaloniciens : « Mais vous, frères, vous n'êtes pas dans les ténèbres... tous vous êtes des fils de la lumière, des fils du jour. Nous ne sommes pas de la nuit, des ténèbres » (1 *th* 5,1-6.9-11). Ce que veut dire l'apôtre, a expliqué le Pape, est clair : « L'identité chrétienne est une identité de lumière, et non pas de ténèbres. Et Jésus a apporté cette lumière dans le monde. Saint Jean, dans le premier chapitre de son Évangile, nous dit “la lumière est descendue dans le monde”. Une lumière que le monde n'a pas appréciée, mais qui, toutefois, nous sauve des ténèbres, des ténèbres du péché. Aujourd'hui, on pense qu'il est possible d'obtenir cette lumière qui déchire les ténèbres à travers de nombreuses découvertes scientifiques et autres inventions de l'homme, grâce auxquelles on peut tout connaître, on peut posséder une science sur tout. Mais la lumière de Jésus est une autre chose. »

Mais comment se présente la lumière que nous offre Jésus ? « Nous pouvons la reconnaître, a expliqué le Saint-Père, parce que c'est une lumière humble. Ce n'est pas une lumière qui s'impose, elle est humble. C'est une lumière douce, qui a la force de la douceur ; c'est une lumière qui parle au cœur et c'est également une lumière qui offre la croix. Si nous, dans notre lumière intérieure, nous sommes des hommes doux, nous entendons la voix de Jésus dans le cœur et nous regardons sans peur la croix dans la lumière de Jésus. Mais si, au contraire, nous nous laissons aveugler par une lumière qui nous rend sûrs de nous, orgueilleux, et nous conduit à regarder les autres de haut, à les mépriser avec arrogance, il est certain que nous ne nous trouvons pas en présence de la lumière de Jésus. C'est au contraire la lumière du diable travesti en Jésus, en ange de lumière. » Nous devons toujours faire la distinction ; là où se trouve Jésus se trouve toujours l'humilité, la douceur, l'amour et la croix. Il a parcouru le premier ce chemin de lumière. « Nous devons aller derrière lui sans peur, parce que Jésus a la force et l'autorité de nous donner cette lumière. Demandons au Seigneur de nous donner aujourd'hui la grâce de sa lumière et de nous enseigner à reconnaître lorsqu'une lumière est sa lumière et lorsqu'il s'agit d'une lumière artificielle utilisée par l'ennemi pour nous tromper. »

Jeudi 5 septembre 2013

Écoute, renonciation et mission

Quand le Seigneur passe dans notre vie, il dit toujours un mot et il nous fait une promesse. Mais il nous demande aussi de nous dépouiller de quelque chose et il nous confie une mission. C'est ce qu'a rappelé le pape François lors de la messe célébrée jeudi 5 septembre.

En commentant l'épisode de la « pêche miraculeuse » raconté par Luc (5,1-11) dans le passage évangélique proclamé pendant la liturgie, le Pape a rappelé saint Augustin, qui « répète une phrase qui m'a toujours frappé. Il dit : "J'ai peur quand passe le Seigneur". Pourquoi ? "Parce que j'ai peur qu'il passe et que je ne m'en aperçoive pas". Et le Seigneur passe dans notre vie comme cela est arrivé ici, dans la vie de Pierre, de Jacques, de Jean ». La vie chrétienne, par conséquent, consiste toujours à suivre le Seigneur. « Mais pour le suivre, il faut d'abord écouter ce qu'il dit, puis il faut laisser ce qu'à ce moment-là on doit laisser et le suivre. Enfin, il y a la mission que Jésus nous confie. En effet il ne dit jamais : "Suis moi !" sans ensuite préciser la mission. Il dit toujours : "Laisse cela et suis-moi pour cette raison". Donc, si nous allons sur le chemin de Jésus c'est pour faire quelque chose. C'est cela la mission.

C'est une séquence qui se répète aussi lorsque nous allons prier. En effet, notre prière doit toujours avoir ces trois moments. Avant tout, l'écoute de la parole de Jésus, une parole à travers laquelle il nous donne la paix et il nous assure de sa proximité. Puis le moment de notre renonciation : nous devons être prêts à laisser quelque chose : "Seigneur que veux-tu que je laisse pour être plus proche de toi ?". Peut-être qu'à ce moment-là, il ne le dit pas. Mais nous posons la question, généreusement. Enfin, le moment de la mission : la prière nous aide toujours à comprendre ce que nous devons faire. Et voici alors la synthèse de notre prière : écouter le

Seigneur, avoir le courage de se dépouiller de quelque chose qui nous empêche de nous presser pour le suivre et enfin suivre la mission. »

Cela ne veut pas dire qu'il ne faut pas affronter les tentations. Pierre, a rappelé le pape François, a péché gravement en reniant Jésus. Mais ensuite, le Seigneur lui a pardonné. Jacques et Jean ont péché par carriérisme. Mais à eux aussi le Seigneur a concédé le pardon. Donc il est important de prier en gardant bien présents ces trois moments. « Nous pouvons, demander aux apôtres, qui ont vécu de si près ces choses-là, de nous donner la grâce de faire toujours une prière en essayant d'écouter la parole et la promesse de Jésus, d'avoir l'envie de laisser ce qui nous empêche de suivre de près Jésus, et d'ouvrir notre cœur pour recevoir la mission. »

Vendredi 6 septembre 2013

La grâce de la joie

Être chrétiens signifie avoir la joie d'appartenir totalement au Christ, « unique époux de l'Église », et aller à sa rencontre comme on va à un banquet de noces. Donc, la joie et la conscience de la place centrale du Christ sont les deux attitudes que les chrétiens doivent cultiver dans leur vie quotidienne. C'est ce qu'a rappelé le pape François dans l'homélie de la messe du 6 septembre. La réflexion a été tirée de l'épisode évangélique proposé par la liturgie, dans lequel l'évangéliste Luc raconte l'opposition entre Jésus, les pharisiens et les scribes sur le fait que les disciples qui sont avec lui mangent et boivent tandis que les autres jeûnent (*Lc* 5,33-39). Le Pape a expliqué ce que Jésus, dans sa réponse aux scribes, veut faire comprendre. Il se présente comme l'époux : « Il est l'époux. L'Église est l'épouse. Et dans l'Évangile, tant de fois, cette image revient : les vierges prudentes qui attendent l'époux les lampes allumées, la fête organisée par le père pour les noces de son fils ». À travers sa réponse aux scribes, a précisé le Pape, « le Seigneur dit lorsque l'on est époux, on ne peut jeûner, on ne peut être triste. Le Seigneur nous fait voir ici la relation entre lui et l'Église comme des noces ». D'où, a expliqué le Saint-Père, « le motif profond pour lequel l'Église préserve tant le sacrement du mariage. Et elle l'appelle grand sacrement, précisément parce que c'est l'image de l'union du Christ avec l'Église ». C'est pourquoi, lorsque l'on parle de noces, « on parle de fête, on parle de joie, et cela nous indique, à nous chrétiens, une attitude » : quand il trouve Jésus Christ et qu'il commence à vivre selon l'Évangile, le chrétien doit le faire avec joie. Avec joie « parce que c'est une grande fête ».

Pour expliquer le deuxième comportement, le Saint-Père a rappelé la parabole des noces du fils du roi (*Mt* 22,1-4 ; *Lc* 14,16-24). « Certains étaient si occupés dans les affaires de la vie qu'ils n'ont pas pu aller à cette fête. Et le Seigneur, le roi, a dit : allez aux croisements des chemins et amenez tous les voyageurs, les pauvres, les malades, les lépreux et également les pécheurs, amenez-les tous.

Bons et méchants. Tous sont invités à la fête. Et la fête commença. Mais ensuite, le regard du roi se posa sur quelqu'un qui ne portait pas la tenue de noce. Alors bien sûr, nous nous demandons : "Mais comment cela, Père : ils ont tous été pris aux croisements des chemins et après on leur demande de porter des habits de noce ? Qu'est-ce que cela signifie ?". C'est très simple ! Dieu nous demande une seule chose pour entrer dans la fête, la totalité. L'époux est le plus important ; l'époux remplit tout. Et cela nous conduit à la première lecture (*Col* 1,15-20) qui nous parle avec force de la totalité de Jésus. Premier-né de toute la création, en lui furent créées toutes choses et elles furent créées par lui en vue de lui, parce qu'il est le centre de toutes les choses. Il est également la tête du corps de l'Église. Il est le principe. Dieu lui a donné la plénitude, la totalité afin qu'en lui soient réconciliées toutes les choses. Cette image nous fait comprendre qu'il est tout, il est unique, il est l'unique époux. Et donc, si la première attitude du chrétien est la fête, la deuxième attitude est de le reconnaître comme unique. Et celui qui ne le reconnaît pas n'a pas l'habit pour aller à la fête, pour aller aux noces. »

Samedi 7 septembre 2013

Il n'y a pas de chrétien sans Jésus

Il n'y a pas de chrétien sans Jésus. Et Jésus n'est pas là lorsque le chrétien répond à des commandements qui ne conduisent pas au Christ ou qui ne viennent pas du Christ. Le pape François, a insisté sur la place centrale du Christ lors de la messe du 7 septembre. Il a mis en garde les chrétiens contre les révélations privées car la révélation, a-t-il dit, s'est conclue avec le Christ. Dans son homélie, le Saint-Père a poursuivi la réflexion du jour précédent sur les lectures où Jésus était présenté comme l'époux de l'Église. Dans le passage évangélique tiré de Luc (6,1-5), est raconté en effet l'épisode de la discussion de Jésus avec les pharisiens, qui reprochent aux apôtres d'avoir violé le repos du sabbat en cueillant et en mangeant des épis de blé. Dans ce texte de l'Évangile, Jésus, a noté le Pape, présente quelque chose en plus : « il dit : je suis le Seigneur, je suis aussi le maître du sabbat. Ailleurs il dira : Le sabbat est fait pour l'homme et non l'homme pour le sabbat. Sa place centrale ainsi que la place centrale du chrétien par rapport à tant de choses. Jésus est le centre, c'est le Seigneur ». Une définition que « nous ne comprenons pas bien », parce que cela « n'est pas facile à comprendre ». Ce qui est certain, c'est que Jésus « est le Seigneur » en tant qu'il est celui qui « a le pouvoir, la gloire, celui qui a la victoire. Il est l'unique Seigneur ».

« Si Jésus n'est pas au centre, a noté le Pape, il y a d'autres choses. Et aujourd'hui, nous rencontrons beaucoup de chrétiens sans Christ, sans Jésus. Par exemple, ceux qui ont la maladie des pharisiens et sont des chrétiens qui mettent leur foi et leur religiosité, leur chrétienté, dans tout un tas de commandements : Ah, je dois faire cela, je dois faire cela. Des chrétiens d'attitudes qui font des choses parce qu'il faut les faire, mais en réalité, ne savent pas pourquoi ils les font. Il y a ensuite un autre groupe de chrétiens sans Christ : ceux qui cherchent des choses un peu rares, un peu spéciales, qui cherchent les révélations privées, alors que la Révélation s'est conclue avec le Nouveau Testament. Quelle est alors la règle pour être chrétien avec le Christ ? Et quel est le « signe » qu'une personne est un chrétien avec le Christ ? Il s'agit d'une règle très simple : seul vaut ce qui te conduit à Jésus, seul vaut ce qui vient de Jésus. Jésus est le centre, le Seigneur, comme il le dit lui-même. Voilà une règle et un signe. La règle est : je suis un bon chrétien, je suis sur la route du bon chrétien si je fais ce qui vient de Jésus ou qui me conduit à Jésus parce qu'il est le centre. Le signe est l'adoration devant Jésus, la prière d'adoration devant Jésus. »

Lundi 9 septembre 2013

Jésus est l'espérance

Les prêtres qui ont perdu l'espérance font de la peine. C'est pour cela que le pape François, au cours de la messe célébrée le 9 septembre, a adressé aux prêtres présents l'invitation à cultiver cette vertu « qui pour les chrétiens a le nom de Jésus ». « Je vois tant de prêtres ici aujourd'hui et j'ai envie de vous dire quelque chose : c'est un peu triste quand on rencontre un prêtre sans espérance, sans la passion qui donne l'espérance ; et c'est si beau quand on trouve un prêtre qui arrive à la fin de sa vie en ayant toujours cette espérance, pas l'optimisme, mais l'espérance, en semant l'espérance. Parce que cela veut dire que ce prêtre est attaché à Jésus Christ. Et le peuple de Dieu a besoin que nous, prêtres, donnions cette espérance en Jésus, qui refait tout, qui est capable de tout refaire et qui refait tout : dans chaque Eucharistie, Il refait la création, dans tout acte de charité, Il refait son amour en nous. » Le Pape a parlé de l'espérance en reliant sa réflexion à celle des jours précédents, au cours desquels il avait proposé Jésus comme la totalité, le centre de la vie du chrétien, l'unique époux de l'Église. Ainsi, il s'est arrêté sur le concept exprimé dans la Lettre de saint Paul aux Colossiens (1,24–2,3) : Jésus « mystère, mystère caché, Dieu ». Un mystère, celui de Dieu, qui « est apparu en Jésus » qui est « notre espérance : c'est le tout, c'est le centre et c'est aussi notre espérance ». « Mais malheureusement, a observé l'Évêque de Rome, l'espérance est une vertu, considérée habituellement comme de second ordre. Nous ne croyons pas beaucoup à l'espérance : nous parlons de la foi et de la charité, mais l'espérance est un peu, comme le disait un écrivain français, la vertu humble, la servante des vertus, et nous ne la comprenons pas bien. L'optimisme est une attitude humaine qui dépend de beaucoup de choses, mais l'espérance est autre chose : c'est un don, c'est un cadeau de l'Esprit saint et pour cela Paul dira qu'elle ne déçoit jamais. Elle a également un nom. Et ce nom est Jésus : on ne peut pas dire que l'on a une espérance dans la vie si l'on ne place pas son espérance en

Jésus. Il ne s'agirait pas d'espérance mais de bonne humeur, d'optimisme, comme dans le cas des personnes solaires, positives, qui voient toujours le verre à moitié plein, et pas à moitié vide. » Le Pape a indiqué une confirmation de ce concept dans le passage de l'Évangile de Luc (6,6-11), en référence au thème de la liberté. Que veut-il démontrer ? « Que la liberté et l'espérance vont de pair : là où il n'y a pas d'espérance, il ne peut y avoir de liberté. Toutefois, le véritable enseignement à tirer est que Jésus n'est pas un guérisseur, c'est un homme qui recrée l'existence. Et cela nous donne l'espérance, parce que Jésus est venu précisément pour ce grand miracle, pour tout recréer. Au point que l'Église, dans une très belle prière, dit : “Toi, Seigneur, qui as été si grand, si merveilleux dans la création, mais plus merveilleux dans la rédemption...”. Donc, la grande merveille est la grande réforme de Jésus. Et cela nous donne l'espérance : Jésus qui recrée tout. Et quand nous nous unissons à Jésus dans sa passion avec lui nous refaisons le monde, nous faisons un monde nouveau. »

Mardi 10 septembre 2013

Des chrétiens sans peur sans honte ni triomphalisme

Aujourd'hui, dans le monde, il y a « beaucoup de chrétiens sans résurrection ». C'est à eux que le pape François, lors de la messe célébrée mardi 10 septembre, a adressé l'invitation à retrouver la route pour aller vers Jésus ressuscité en se laissant « toucher par lui, par sa force », parce que le Christ « n'est pas une idée spirituelle », mais il est vivant. Et avec sa résurrection « il a vaincu le monde ».

En commentant les lectures de la liturgie du jour, le Pape a rappelé certains passages de la lettre aux Colossiens dans lesquels saint Paul parle de la figure de Jésus, décrite à travers le texte comme « la totalité, le centre, l'espérance, parce qu'il est l'époux ». Dans le passage d'aujourd'hui (2,6-15) l'apôtre ajoute un autre tasseau, en définissant le Christ comme « le vainqueur », celui qui « l'a emporté sur la mort, sur le péché, sur le diable ». Le message paulinien contient donc une invitation à cheminer dans le Seigneur ressuscité, bien enraciné et construit sur lui, sur sa victoire, solide dans la foi.

« Jésus est celui qui gagne, il est le ressuscité. Toutefois, a averti l'Évêque de Rome, souvent, nous ne l'entendons pas, nous ne l'écoutons pas bien, tandis que la résurrection de Jésus est justement le point clé de notre foi. » Le Pape s'est référé en particulier à ces « chrétiens sans le Christ ressuscité », ceux qui « accompagnent Jésus jusqu'au tombeau, pleurent, ont tant de bons sentiments pour lui », mais sont incapables d'aller au-delà. Et à ce propos, il a identifié trois catégories : les craintifs, les honteux et les triomphalistes.

« Les premiers, a-t-il expliqué, sont ceux du matin de la résurrection, ceux d'Emmaüs qui s'en vont, parce qu'ils ont peur ; ce sont les apôtres qui s'enferment au Cénacle par crainte des juifs ;

ce sont même ces femmes bonnes qui pleurent, comme Madeleine en larmes parce qu'on a emporté le corps du Seigneur. Du reste, les craintifs sont ainsi : ils craignent de penser à la résurrection. Et les apôtres aussi, devant Jésus qui est apparu au Cénacle, se sont effrayés, craignant de voir un fantôme.

La seconde catégorie est celle des honteux, pour qui confesser que le Christ est ressuscité procure un peu de honte dans ce monde si avancé dans les sciences. C'est à eux que pense Paul quand il met en garde : “Faites attention que personne ne vous trompe avec la philosophie et avec les manigances inspirées de la tradition humaine, selon les éléments du monde et non selon le Christ”. En pratique, il s'agit de ces chrétiens qui déforment la réalité de la résurrection : pour eux il y a une résurrection spirituelle, qui fait le bien pour tout le monde, une bénédiction de vie ; mais au fond, ils ont honte de dire que le Christ, avec sa chair, avec ses plaies, est ressuscité.

Enfin, le troisième groupe est celui des chrétiens qui, au fond d'eux-mêmes, ne croient pas dans le ressuscité et veulent faire eux-mêmes une résurrection plus majestueuse que celle de Jésus. »

Le Pape les a appelés « les triomphalistes »,

car « ils ont un complexe d'infériorité » et assument « des attitudes triomphalistes dans leur vie, dans leurs discours, dans leur pastorale et dans la liturgie ».

Pour le pape François, il faut alors retrouver la conscience que Jésus est le ressuscité.

Jeudi 12 septembre 2013

Contempler Jésus doux et souffrant

Il n'est pas facile pour les chrétiens de vivre selon les principes et les vertus inspirés par Jésus. « Cela n'est pas facile, a dit le pape François au cours de la messe célébrée jeudi 12 septembre, mais cela est possible : il suffit de contempler Jésus qui souffre et l'humanité qui souffre et de vivre une vie cachée en Dieu avec Jésus. »

La réflexion du Saint-Père a été inspirée par la célébration de la mémoire liturgique du nom de Marie. « Aujourd'hui, a-t-il commencé, nous célébrons la fête du nom de la Vierge. Le saint nom de Marie. Aujourd'hui, dans la prière, nous avons demandé la grâce de faire l'expérience de la force et de la douceur de Marie. Nous avons besoin aujourd'hui de la douceur de la Vierge pour comprendre ces choses que Jésus nous demande. C'est une liste qui n'est pas facile à vivre : aimer ses ennemis, faire le bien, donner sans rien attendre, à celui qui t'a frappé sur la joue tendre aussi l'autre, à celui qui t'arrache ton manteau ne pas refuser non plus ta tunique. Ce sont des choses fortes. Mais tout cela, à sa manière, a été vécu par la Vierge : la grâce de la mansuétude, la grâce de la douceur.

Ces derniers jours, l'apôtre Paul nous a souvent parlé de Jésus. Jésus comme la totalité du chrétien, Jésus comme le centre du chrétien, Jésus comme l'espérance du chrétien, car il est l'époux de l'Église et apporte l'espérance pour aller de l'avant ; Jésus comme le vainqueur sur le péché et sur la mort. Jésus a vaincu et il est monté au ciel avec sa victoire ». À cet égard, l'Apôtre nous enseigne quelque chose, il nous dit, “Frères, si vous êtes ressuscités avec le Christ cherchez les choses d'en haut où le Christ est le triomphateur ; il est là, assis à la droite de Dieu. Tournez vos pensées vers les choses d'en haut, non vers celles de la terre… En effet, vous êtes morts et votre vie est cachée avec le Christ en Dieu”. »

Douceur, humilité, bonté, tendresse, mansuétude, magnanimité sont toutes des vertus qui servent pour suivre la route indiquée par le Christ. Les recevoir est « une grâce. Une grâce qui vient de la contemplation de Jésus ». Ce n'est pas un hasard, a rappelé le Pape, si nos pères et nos mères spirituels nous ont enseignés combien il est important de contempler la passion du Seigneur.

« Ce n'est qu'en contemplant l'humanité souffrante de Jésus que nous pouvons devenir doux, humbles, tendres comme lui. Il n'y a pas d'autre voie. Certes, nous devrons faire l'effort de chercher Jésus ; de penser à sa passion, à ce qu'il a souffert ; de penser à son silence doux. Cela sera notre effort ; ensuite, c'est lui qui pensera au reste et qui fera tout ce qui manque. Mais tu dois faire cela : cacher ta vie en Dieu avec le Christ. »

Donc, pour être de bons chrétiens, il est nécessaire de contempler toujours l'humanité de Jésus et l'humanité qui souffre. « Pour rendre témoignage ? Contemple Jésus. Pour pardonner ? Contemple Jésus qui souffre. Pour ne pas haïr ton prochain ? Contemple Jésus qui souffre. Pour ne pas commérer contre ton prochain ? Contemple Jésus qui souffre. Il n'y a pas d'autre voie », a répété le Pape en rappelant que ces vertus sont les mêmes que celles du Père, « qui est bon, doux et magnanime, qui nous pardonne toujours », et les mêmes que celles de la Vierge, notre mère. Cela n'est pas facile, mais possible. « Confions-nous à la Vierge. Et quand, aujourd'hui, a-t-il conclu, nous lui présentons nos vœux pour sa fête, demandons-lui la grâce de faire l'expérience de sa douceur. »

Vendredi 13 septembre 2013

Passer des commérages à l'amour pour le prochain

Les commérages tuent comme des armes et encore davantage. C'est sur ce concept que le pape François est revenu vendredi 13 septembre. En commentant la lecture du jour, tirée de la lettre à Timothée (1,1-2.12-14) et de l'Évangile de Luc (6,39-42), il a souligné que le Seigneur, après avoir proposé ces jours derniers des attitudes telles que la douceur, l'humilité et la magnanimité, « nous parle aujourd'hui du contraire », c'est-à-dire « d'une attitude odieuse envers notre prochain », celle que l'on a quand on devient « le juge de son frère ».

Le pape François a rappelé l'épisode évangélique dans lequel Jésus réprimande celui qui prétend ôter la paille de l'œil de l'autre, sans voir la poutre qu'il a dans le sien. Ce comportement, se sentir parfait et donc en mesure de juger les défauts des autres, est contraire à la mansuétude, à l'humilité dont parle le Seigneur, « à cette lumière qui est si belle et qui se trouve dans le pardon ». « Jésus, a souligné le Saint-Père, utilise un mot fort : "hypocrite". Ceux qui vivent en jugeant leur prochain, en parlant mal de leur prochain sont hypocrites. Car ils n'ont pas la force, le courage de regarder leurs propres défauts. Le Seigneur ne s'étend pas beaucoup sur cela. Ensuite, plus avant, il dira : "celui qui a dans son cœur la haine contre son frère est un meurtrier". Il le dira. L'apôtre Jean le dit lui aussi très clairement dans sa première lettre : "celui qui hait son frère marche dans les ténèbres. Celui qui juge son frère est un meurtrier". Donc, chaque fois que nous jugeons nos frères dans notre cœur, ou pire, quand nous en parlons avec les autres, nous sommes des chrétiens meurtriers. Et cela, ce n'est pas moi qui le dis, mais le Seigneur. Sur ce point, il n'y a pas de place pour les nuances : si tu parles mal de ton frère, tu tues ton frère. Et chaque fois que nous faisons cela, nous imitons le geste de Caïn, le premier meurtrier. »

En rappelant combien, ces jours-ci, on parle des guerres qui provoquent des victimes dans le monde, en particulier parmi les enfants et qui obligent un grand nombre de personnes à fuir à la recherche d'un refuge, le pape François s'est demandé comment il est possible de penser avoir « le droit de tuer » en parlant mal des autres, de déchaîner « cette guerre quotidienne des commérages ». En effet, a-t-il dit, « les médisances vont toujours dans la direction de la criminalité. Il n'existe pas de médisances innocentes. Et cela est l'Évangile pur ». « Donc, en cette époque où nous demandons tant la paix, un geste de conversion est peut-être nécessaire. Et aux « non » contre tout type d'arme, nous disons « non » également à cette arme qu'est la médisance, parce qu'elle est mortelle. »

En citant l'apôtre Jacques, le Pape a rappelé que la langue « est faite pour louer Dieu ». Mais, a-t-il ajouté, « quand nous utilisons notre langue pour parler mal de notre frère et de notre sœur, nous l'utilisons pour tuer Dieu », car l'image de Dieu est dans notre frère, dans notre sœur ; nous détruisons « cette image de Dieu ».

Le Pape a conclu en invoquant « pour nous, pour toute l'Église, la grâce de la conversion de la criminalité de la malveillance en humilité, en mansuétude, en magnanimité de l'amour envers son prochain ».

Samedi 14 septembre 2013

L'arbre de la vie

L'histoire de l'homme et l'histoire de Dieu se mêlent dans la croix. Une histoire essentiellement d'amour. Un mystère immense, que nous ne pouvons pas comprendre seuls. Comme « goûter ce miel d'aloès, cette douceur amère du sacrifice de Jésus ? ». C'est ce qu'a indiqué le pape François le 14 septembre, fête de l'exaltation de la Sainte Croix, au cours de la messe.

En commentant les lectures du jour, tirées de la lettre aux Philippiens (2,6-11), et de l'Évangile de Jean (3,13-17), le Pape a dit qu'il est possible de comprendre « un peu » le mystère de la croix « à genoux, dans la prière », mais également avec « les larmes ». Ce sont même précisément les larmes qui « nous rapprochent de ce mystère ». En effet, « sans pleurer », et surtout « sans pleurer dans notre cœur, nous ne comprendrons jamais ce mystère ». Ce sont les « pleurs du repenti, les pleurs du frère et de la sœur qui regarde tant de misères humaines et qui les regarde aussi en Jésus, à genoux et en pleurant ». Et surtout, a-t-il souligné, « jamais seuls ! ». « Pour entrer dans ce mystère qui n'est pas un labyrinthe mais qui y ressemble un peu, nous avons toujours besoin de la Mère, de la main de la mère. Que Marie nous fasse sentir combien ce mystère est grand et humble, combien il est doux comme le miel et amer comme l'aloès.

Les pères de l'Église comparaient toujours l'arbre du paradis à celui du péché. L'arbre qui donne le fruit de la science, du bien, du mal, de la connaissance, avec l'arbre de la croix. Le premier arbre avait fait tant de mal, tandis que l'arbre de la croix nous conduit au salut, pardonne le mal. Tel est le parcours de l'histoire de l'homme. Un chemin qui permet de trouver Jésus rédempteur, qui donne sa vie par amour. Un amour qui se manifeste dans l'économie du salut. Dieu n'a pas envoyé son fils dans le monde pour condamner le monde, mais afin que le monde soit sauvé par Lui. Et comment nous a-t-il sauvés ? Par cet arbre de la croix. L'autre arbre a donné lieu à l'autosuffisance, l'orgueil et la prétention de vouloir connaître tout selon notre mentalité, selon nos critères, également selon la prétention d'être et de devenir les uniques juges du monde. Telle est l'histoire de l'homme.

Sur l'arbre de la croix, en revanche, il y a l'histoire de Dieu, qui a voulu assumer notre histoire et marcher avec nous. »

Lundi 16 septembre 2013

Prions pour les hommes politiques

Un bon chrétien participe activement à la vie politique et prie afin que les hommes politiques aiment leur peuple et le servent avec humilité. Telle est la réflexion proposée par le pape François lundi 16 septembre.

En commentant le passage de l'Évangile de Luc (7,1-10) où est racontée la guérison, par l'œuvre de Jésus, du serviteur du centurion à Capharnaüm, le Pape a souligné deux attitudes du gouvernant. « Il doit tout d'abord aimer son peuple. Les juifs âgés disent à Jésus : il mérite ce qu'il demande parce qu'il aime notre peuple. Un gouvernant qui n'aime pas ne peut pas gouverner. Au mieux, il peut mettre un peu d'ordre, mais il ne peut pas gouverner. »

Pour le pape François, le gouvernant doit aussi être humble comme le centurion de l'Évangile, qui aurait pu se vanter de son pouvoir si Jésus avait demandé à aller chez lui, mais « c'était un homme humble et il a dit au Seigneur : ne te dérange pas, je ne suis pas digne que tu entres sous mon toit. Et avec humilité : dis un mot et mon serviteur sera guéri. Telles sont les deux vertus d'un gouvernant, comme nous le fait penser la parole de Dieu : amour pour les personnes et humilité ».

Donc, « chaque homme et chaque femme qui assument une responsabilité de gouvernement doivent se poser ces deux questions : est-ce que j'aime mon peuple pour mieux le servir ? Est-ce que je suis humble au point d'écouter les opinions des autres pour choisir la meilleure voie ? Si ces derniers, a souligné le Pape, ne se posent pas ces questions, leur gouvernement ne sera pas bon ».

Les gouvernés doivent cependant eux aussi effectuer leur choix à accomplir. Que faut-il donc faire ? « Aucun de nous ne peut dire : cela ne me concerne pas, ce sont eux qui gouvernent. Non, moi je suis responsable de leur gouvernement et je dois faire de mon mieux pour qu'ils gouvernent bien, en participant à la politique comme je peux. La politique, dit la doctrine sociale de l'Église, est l'une des formes les plus élevées de la charité, car cela signifie servir le bien commun. Et je ne peux pas m'en laver les mains : chacun de nous doit faire quelque chose. Mais nous avons désormais l'habitude de penser que l'on doit seulement parler des gouvernants, parler mal d'eux et des choses qui ne vont pas bien ».

À ce propos, le Pape a remarqué qu'à la télévision et dans les journaux reviennent surtout des « coups de bâton » pour les hommes politiques : on trouve difficilement des observations comme « ce gouvernant a bien agi sur ce point ; ce gouvernant a cette vertu. Il s'est trompé sur cela, en ceci et en cela, mais en cela il a bien agi ». En revanche, des hommes politiques on parle « toujours mal et on est toujours contre. Peut-être le gouvernant est-il un pécheur, comme l'était le roi David. Mais je dois collaborer, avec mon opinion, avec ma parole, également avec mon comportement correct : je ne suis pas d'accord pour cela, pour ceci. Nous devons participer au bien commun. Nous avons parfois entendu dire : un bon catholique ne s'intéresse pas à la politique.

Mais ce n'est pas vrai : un bon catholique se mêle de politique, en offrant le meilleur de lui-même, pour que le gouvernant puisse gouverner ».

Quelle est alors « la meilleure chose que nous pouvons offrir » aux gouvernants ? « C'est la prière », a répondu le Pape, en expliquant : « C'est ce que dit Paul : prière pour le roi et pour tous ceux qui ont le pouvoir ». « On dira : c'est une mauvaise personne, il doit aller en enfer. Non, prie pour lui, prie pour elle, pour qu'il puisse bien gouverner, pour qu'il aime son peuple, pour qu'il soit humble. Un chrétien qui ne prie pas pour les gouvernants n'est pas un bon chrétien. Il faut prier. Et cela, ce n'est pas moi qui le dis. C'est saint Paul. Les gouvernants sont humbles et aiment leur peuple. Telle est la condition. Nous, les gouvernés, donnons le meilleur. Surtout la prière. »

Mardi 17 septembre 2013

Comme une mère qui défend ses enfants

Une mère qui nous aime, nous défend, nous donne la force pour aller de l'avant dans la lutte contre le mal. Telle est l'image de l'Église esquissée par le pape François, mardi 17 septembre, au cours de la messe célébrée à Sainte-Marthe.

En commentant le passage évangélique de Luc qui raconte la résurrection du fils de la veuve de Naïn (7,11-17), le Pape a décrit Jésus qui, en voyant la femme devant le cadavre de son fils unique mort, « fut pris d'une grande compassion ». Et il a défini le sentiment du Christ comme « la capacité de souffrir avec nous, d'être proche de nos souffrances et de les faire siennes ». Du reste, il savait bien « ce que signifie être veuve à cette époque », quand les mères restées seules pour élever leurs enfants devaient s'en remettre à l'aide et à la charité des autres. C'est pourquoi les préceptes d'alors insistent tant sur ce point : « Aider les orphelins et les veuves, parce qu'à cette époque ils étaient les plus seuls, les plus abandonnés ». La pensée de l'Évêque de Rome est ensuite allée à d'autres figures de veuves dont on parle dans la Bible. « À leur endroit, le Seigneur fait preuve particulièrement d'attention, d'un amour spécial, au point qu'elles finissent par constituer une icône de l'Église, parce que l'Église aussi, en un certain sens, est veuve : son époux est parti et elle marche dans l'histoire en espérant le retrouver, le rencontrer. Alors, elle sera l'épouse définitive. Mais, pendant ce temps, l'Église est seule, et le Seigneur n'est pas visible pour elle : donc, elle possède une dimension de veuvage. La première conséquence de ce veuvage est que l'Église devient courageuse, à l'image d'une mère qui défend ses enfants, tout comme la veuve de l'Évangile qui allait chez le juge corrompu pour défendre ses enfants et à la fin a gagné. Parce que notre mère l'Église a ce courage d'une femme qui sait que ses enfants sont les siens et qu'elle doit les défendre et les conduire à la rencontre avec son époux ».

Du courage, dérive ensuite le deuxième élément, la force, comme en témoignent d'autres veuves décrites dans les Écritures : au nombre de celles-ci Noemi, arrière-grand-mère de David, « qui n'avait pas peur de rester seule », ou la veuve macchabée avec sept enfants, « qui pour ne pas avoir renié Dieu, pour ne pas avoir renié la loi de Dieu ont été martyrisés par le tyran ». Chez cette femme, un détail a frappé le pape François : le fait que la Bible souligne « qu'elle parlait en dialecte, dans la première langue », comme le fait « notre mère l'Église », qui nous parle « dans cette langue de la vraie orthodoxie que nous comprenons tous, cette langue du catéchisme, cette langue forte, qui nous rend forts et nous donne aussi la force morale pour aller de l'avant dans la lutte contre le mal ». Le récit de Luc se conclut avec la description du jeune homme mort qui se relève et s'assoit puis commence à parler, et de Jésus qui le rend à sa mère. Comme il le fait avec nous, a noté le Pape, « quand il nous pardonne, quand il nous rend à la vie », parce que « notre réconciliation ne finit pas dans le dialogue, avec le prêtre qui nous donne le pardon, mais elle s'achève quand il nous restitue à notre mère ». En effet, a-t-il conclu, « il n'y a pas de chemin de vie, il n'y a pas de pardon, il n'y a pas de réconciliation en dehors de la Mère Église », si bien qu'il faut toujours « demander au Seigneur, la grâce d'avoir confiance en cette mère qui nous défend, nous enseigne, nous fait grandir ».

Vendredi 20 septembre 2013

Le pouvoir de l'argent

Il faut se garder de céder à la tentation d'idolâtrer l'argent. Cela signifierait affaiblir notre foi et courir ainsi le risque de s'habituer au piège de convoitises insensées et funestes, qui peuvent faire courir à l'homme le risque de plonger dans la ruine et la perdition. Le Pape a mis en garde contre ce danger au cours de la messe du 20 septembre. « Jésus, a dit le Saint-Père en commentant les lectures, nous avait dit clairement et définitivement, que l'on ne peut servir deux seigneurs : on ne peut servir Dieu et l'argent. Il y a quelque chose entre ces deux choses qui ne va pas. Il y a quelque chose dans l'attitude d'amour à l'égard de l'argent qui nous éloigne de Dieu. » Et, en citant la première lettre de saint Paul à Timothée (6,2-12), le Pape a dit : « Ceux qui veulent amasser des richesses, ils tombent dans la tentation, dans le piège, dans une foule de convoitises insensées et funestes, qui plongent les hommes dans la ruine et la perdition ». En effet, l'avidité « est la racine de tous les maux. Pris par ce désir, certains se sont détournés de la foi et se sont procuré de nombreux tourments. Le pouvoir de l'argent qui te détourne de la foi pure est grand. Il te prend la foi, l'affaiblit, et toi tu la perds ». Mais saint Paul va bien au-delà et écrit, a souligné le Pape, que c'est précisément de cela « que naissent les jalousies, les litiges, les commérages, les mauvais soupçons, les conflits d'hommes corrompus dans l'esprit et privés de la vérité qui considèrent la religion comme une source de profit ». L'Évêque de Rome s'est ensuite référé à ceux qui disent être catholiques parce qu'ils vont à la messe, à ceux qui conçoivent le fait d'être catholique comme un statut et qui « en cachette, font leurs propres affaires ». À ce propos, le Pape rappelle que Paul utilise un terme particulier, que « nous trouvons souvent, très souvent sur les journaux : des hommes à l'esprit corrompu ! » L'argent corrompt. Mais « qu'arrive-t-il donc avec l'argent ? » s'est demandé le Pape. « L'argent t'offre un certain bien-être : les choses marchent, tu te sens un peu important et puis arrive la vanité. Nous l'avons lu dans le Psaume

[48] : cette vanité apparaît. Cette vanité qui ne sert pas, mais tu te sens une personne importante ». Vanité, orgueil, richesse : c'est ce dont se vantent les hommes décrits dans le Psaume : ceux qui « se fient à leur force, et se vantent de leur grande richesse ». Mais alors, quelle est la vérité ? La vérité, a expliqué le Pape, est que « personne ne peut se racheter soi-même, ni payer à Dieu son propre prix. Le rachat d'une vie serait trop cher. Personne ne peut se sauver avec l'argent, même si la tentation est forte de suivre la richesse pour se sentir fier, la vanité pour se sentir important, et à la fin, l'orgueil et la vanité ». Le Pape a ensuite inscrit le péché lié à la soif d'argent, avec tout ce qui en découle, dans le premier des dix commandements : on pèche par idolâtrie, a-t-il dit : « L'argent devient une idole et on lui rend un culte. Et pour cela, Jésus nous dit : Tu ne peux servir à la foi l'idole de l'argent et le Dieu vivant. Ou l'un, ou l'autre. »

Vendredi 20 septembre 2013

Comme un souffle sur la braise

« Un regard qui t'amène à grandir, à aller de l'avant ; qui t'encourage, car il te fait sentir qu'il t'aime » ; un regard qui donne le courage nécessaire pour le suivre. C'est sur les regards de Jésus qu'a été centrée la méditation du pape François lors de la messe du 21 septembre. Il s'agit d'une date fondamentale dans la biographie de Jorge Mario Bergoglio, car c'est le jour de la fête liturgique de saint Matthieu, il y a soixante ans, le 21 septembre 1953, qu'il fait remonter son choix de vie. C'est peut-être également pour cette raison, en commentant le récit de la conversion de l'évangéliste (*Mt* 9,9-13), que le Pape a souligné le pouvoir des regards du Christ, capables de changer pour toujours la vie de ceux sur lesquels ils se posent. Précisément comme cela s'est produit pour le percepteur des impôts qui est devenu son disciple : « Pour moi c'est un peu difficile de comprendre comment Matthieu a pu entendre la voix de Jésus, qui, au milieu de tant d'autres personnes, lui dit : “suis-moi”. L'Évêque de Rome n'est même pas certain qu'il ait entendu la voix du Nazaréen, mais il a la certitude qu'il a « senti dans son cœur le regard de Jésus qui le regardait. Et ce regard est également un visage », qui « a changé sa vie. Nous disons : qui l'a converti ». Voilà ensuite une autre interrogation du Pape : « Mais alors, comment était ce regard de Jésus ? ». La réponse est que « ce n'était pas un regard magique », car le Christ « n'était pas un spécialiste en hypnose », mais bien autre chose. Il suffit de penser à « comment il regardait les malades et les guérissait » ou « comment il regardait la foule qui l'émouvait, car il la sentait comme des brebis sans pasteur ». Et surtout, selon le Saint-Père, pour avoir une réponse à l'interrogation initiale, il faut réfléchir non seulement sur « comment regardait Jésus », mais aussi sur « comment se sentaient regardés » les destinataires de ces regards. Car « Jésus regardait chacun » et « chacun se sentait regardé par lui », comme s'il appelait chacun par son propre nom. C'est pour cette raison que le regard du Christ « change la vie ». Et, enfin, il y a « le dernier regard de Jésus », celui avec lequel, du haut de la croix, « il regarda sa mère, il regarda son disciple » : avec ce regard, « il nous a dit que sa mère était la nôtre : et l'Église est mère ». Le pape François est ensuite revenu sur la scène évangélique qui se poursuit avec Jésus assis à table avec les publicains et les pécheurs. « La voix s'est répandue et toute la société, mais pas la "société propre", s'est sentie invitée à ce repas », a commenté le pape François, parce que « Jésus les avait regardés et ce regard sur eux avait été comme un souffle sur la braise ; ils ont senti qu'il y avait du feu à l'intérieur » ; et ils ont aussi fait l'expérience « que Jésus les faisait monter », les élevait, « les ramenait à la dignité », car « le regard de Jésus nous rend toujours dignes, il nous donne la dignité ».

Pour finir, le Pape a identifié la dernière caractéristique du regard de Jésus : la générosité. C'est un maître qui mange dans la saleté de la ville, mais qui sait aussi que « sous cette saleté, il y avait les braises du désir de Dieu », qui souhaitaient que quelqu'un « les aide à devenir du feu ». « C'est précisément cela que nous fait « le regard de Jésus : à l'époque comme aujourd'hui. Je crois que nous tous nous avons senti ce regard ; pas une fois, mais tant de fois. C'est pourquoi nous allons de l'avant dans la vie, avec la certitude qu'il nous regarde et qu'il nous attend pour nous regarder définitivement. Et ce dernier regard de Jésus sur notre vie sera pour toujours, sera éternel. Ainsi, nous pouvons demander de l'aide dans la prière à tous les saints qui ont été regardés par Jésus, afin qu'ils nous préparent pour nous laisser regarder dans notre vie et qu'ils nous préparent aussi pour ce dernier regard de Jésus. »

Mardi 24 septembre 2013

Compagnon de voyage

Le sacrement n'est pas « un rite magique » mais l'instrument que Dieu a choisi pour continuer à marcher à côté de l'homme comme compagnon de voyage dans la vie, pour faire l'histoire avec l'homme, en l'attendant si nécessaire. Et devant cette humilité de Dieu, il faut avoir le courage de lui laisser écrire l'histoire, qui de cette manière devient « sûre ». La certitude de la présence divine constante dans les événements humains était au centre de l'homélie du 24 septembre. Le Pape a tout d'abord répété l'invocation du Psaume 121 proclamé au cours de la liturgie : « Nous irons avec joie à la maison du Seigneur ». « Et c'est ce que nous avons fait, a-t-il expliqué, car la première lecture nous rappelle un moment de joie du peuple de Dieu. Un moment si beau : celui où un roi païen aide le peuple de Dieu à revenir sur sa terre pour reconstruire le temple. » La référence est tirée d'un passage du livre d'Esdras (6,7-8.12.14-20). « Dans l'histoire du peuple de Dieu, il y a de beaux moments comme celui-là, qui donnent tant de joie, et il y a aussi de mauvais moments, de douleur, de martyre, de péché. Que ce soit dans les mauvais moments ou dans les beaux moments, une chose est toujours la même : le Seigneur, est là. Il n'abandonne jamais son peuple, car le Seigneur, le jour du péché, du premier péché, a pris une décision, a fait un choix : faire l'histoire avec son peuple. Le Dieu qui n'a pas d'histoire parce qu'il est éternel a voulu faire l'histoire, marcher près de son peuple. Plus encore : se faire l'un de nous et, comme l'un de nous, marcher avec nous en Jésus. Et cela nous parle, nous dit l'humilité de Dieu. Lui qui est si grand et puissant précisément dans son humilité. Il a voulu marcher avec son peuple. Et quand son peuple s'éloignait de lui avec le péché, avec l'idolâtrie, tant de choses que nous voyons dans la Bible, Il était là. Une attitude d'humilité que nous reconnaissons aussi en Jésus. Marcher avec le peuple de Dieu, marcher avec les pécheurs, marcher aussi avec les orgueilleux : ce qu'a fait le Seigneur pour aider ces cœurs orgueilleux des pharisiens. Il voulait marcher. Humilité. Dieu attend toujours, Dieu est à côté de nous. Dieu marche avec nous. Il est humble. Il nous attend toujours. Jésus nous attend toujours. Telle est l'humilité de Dieu. Ainsi, l'Église chante avec joie cette humilité de Dieu qui nous accompagne, comme nous avons fait avec le Psaume : "Nous irons avec joie à la maison du Seigneur". Nous irons avec joie, ensuite, il nous accompagne, lui avec nous. Le Seigneur Jésus nous accompagne également dans notre vie personnelle avec les sacrements. Le sacrement n'est pas un rite magique, c'est une rencontre avec Jésus Christ : dans celui-ci, nous rencontrons le Seigneur. Il est à côté de nous et nous accompagne : compagnon de route. Et le Saint-Esprit aussi nous accompagne et nous enseigne tout ce que nous ne savons pas dans notre cœur. Il nous rappelle tout ce que Jésus nous a enseigné et nous fait sentir la beauté de la bonne route. Et ainsi, Dieu : Père, Fils et Saint-Esprit sont des compagnons de route. Ils se font histoire avec nous. L'Église célèbre cela avec tant de joie aussi dans l'Eucharistie. » Et François a rappelé « cette belle prière eucharistique, que nous réciterons aujourd'hui, où l'on chante cet amour si grand de Dieu qui a voulu être humble, qui a voulu être le compagnon de route de nous tous, qui a voulu lui aussi se faire histoire avec nous ». Et si lui, a-t-il conclu, « est entré dans l'histoire, entrons nous aussi un peu dans son histoire ou tout au moins demandons-lui la grâce de nous laisser écrire l'histoire par lui. Que lui écrive notre histoire. Elle est sûre ».

Mercredi 25 septembre 2013

Prière pour la paix au Moyen-Orient

La honte devant Dieu, la prière pour implorer la miséricorde divine et la pleine confiance dans le Seigneur. Tels sont les points cardinaux de l'homélie de la messe du 25 septembre célébrée en présence de sa béatitude Béchara Boutros Raï, patriarche d'Antioche des maronites, avec un groupe d'évêques maronites venus du Liban, de Syrie, de Terre sainte et de divers autres pays de chaque continent. En commentant les lectures de la liturgie (*Esd* 9,5-9 ; *Lc* 9,1-16), le Saint-Père a dit que, en particulier, le passage tiré du Livre d'Esdras lui a fait penser aux évêques maronites et, comme d'habitude, il a résumé sa pensée autour de trois concepts. Tout d'abord, l'attitude de honte et de confusion d'Esdras devant Dieu, au point de ne pas pouvoir lever les yeux vers lui. Honte et confusion de nous tous pour les péchés commis, qui nous ont conduits à l'esclavage car nous avons servi des idoles qui ne sont pas Dieu. La prière est le deuxième concept. En suivant l'exemple d'Esdras qui, à genoux, lève les mains vers Dieu en implorant la miséricorde, nous devons faire la même chose pour nos innombrables péchés. « Une prière, a dit le Pape, qu'il faut élever également pour la paix au Liban, en Syrie et dans tout le Moyen-Orient. La prière est toujours la voie que nous devons parcourir pour affronter les moments difficiles, comme les épreuves les plus dramatiques et l'obscurité qui nous entoure parfois dans des situations imprévisibles. Pour trouver la sortie de secours de tout cela, il faut prier sans cesse. » Enfin, confiance absolue en Dieu, qui ne nous abandonne jamais. C'est le troisième concept proposé par le Saint-Père. « Nous sommes certains, a-t-il dit, que le Seigneur est avec nous et donc, notre chemin doit devenir persévérant grâce à l'espérance qui transmet la force. La parole des pasteurs deviendra rassurante pour les fidèles : le Seigneur ne nous abandonnera jamais.

Jeudi 26 septembre 2013

Connaître Jésus

Pour connaître vraiment Jésus, il faut parler avec lui, dialoguer avec lui tandis que nous le suivons sur sa route. Le pape François a centré l'homélie de la messe du 26 septembre sur la connaissance de Jésus. Le Pape est parti d'un passage de l'Évangile de Luc (9,7-9) dans lequel Hérode se demande qui est ce Jésus dont il entend tant parler. La personne de Jésus, a rappelé le Pape, a suscité souvent des questions du type : « Qui est celui-ci ? D'où vient-il ? Pensons à Nazareth, par exemple, dans la synagogue de Nazareth, quand il est parti pour la première fois : mais où a-t-il appris ces choses ? Nous le connaissons bien : c'est le fils du charpentier. Pensons à Pierre et aux apôtres après cette tempête, ce vent que Jésus a fait taire. Mais qui est celui-ci auquel obéissent le ciel et la terre, le vent, la pluie, la tempête ? Mais qui est-il ? ». Des questions, a expliqué le Pape, que l'on peut se poser par curiosité ou pour avoir des certitudes sur la façon de se comporter devant lui. Reste toutefois le fait que quiconque connaît Jésus se pose ces questions. D'ailleurs, « certains, a poursuivi le Pape en revenant à l'épisode évangélique, commencent à avoir peur de cet homme, parce qu'il peut les conduire à un conflit politique avec les Romains » ; et donc, ils pensent ne pas davantage tenir en considération « cet homme qui crée tant de problèmes ». Et pourquoi, s'est demandé le Pape, Jésus crée-t-il des problèmes ? « On ne peut pas connaître Jésus sans avoir de problèmes ». Paradoxalement, a-t-il ajouté, « si tu veux avoir un problème, va sur la route qui te conduit à connaître Jésus » et alors beaucoup de problèmes apparaîtront. Quoi qu'il en soit, on ne peut pas connaître Jésus « en première classe » ou « dans la tranquillité », encore moins « en bibliothèque ». Jésus on ne le connaît que sur le chemin quotidien de la vie. « Et on peut le connaître, a affirmé le Saint-Père, également dans le catéchisme. C'est vrai ! Le catéchisme nous enseigne tant de choses sur Jésus et nous devons l'étudier, nous devons l'apprendre. C'est ainsi que nous apprenons que le Fils de Dieu est venu pour nous sauver et nous comprenons l'amour du Père à travers la beauté de l'histoire du salut ». Reste toutefois le fait que la connaissance de Jésus à travers le catéchisme « n'est pas suffisante » ; le connaître avec l'esprit est déjà un pas en avant, mais « il faut connaître Jésus dans le dialogue avec lui. En parlant avec lui, dans la prière, à genoux. Si tu ne pries pas, si tu ne parles pas avec Jésus tu ne le connais pas ». Il y a enfin une troisième voie pour connaître Jésus : « C'est la “sequela”, aller avec lui, marcher avec lui, parcourir ses routes ». Et tandis que l'on marche avec lui, on connaît Jésus avec le langage de l'action. « Si tu connais Jésus avec ces trois langages : de l'esprit, du cœur, de l'action, alors tu peux dire que tu connais Jésus. » Donc, pour le connaître vraiment, il est nécessaire de lire « ce que l'Église te dit de lui, de parler avec lui dans la prière et de marcher sur sa route avec lui ».

Vendredi 27 septembre 2013

Sur la route de Jésus

Nous devons faire le choix d'« être des chrétiens du bien-être » ou « des chrétiens qui suivent Jésus ». Les chrétiens du bien-être sont ceux qui pensent tout avoir s'ils ont l'Église, les sacrements, les saints... Les autres sont les chrétiens qui suivent Jésus jusqu'au bout, jusqu'à l'humiliation de la croix, et qui supportent sereinement cette humiliation. Telle est la réflexion proposée par le pape François lors de l'homélie du 27 septembre. Le Saint-Père a repris ce qu'il avait dit la veille à propos des diverses manières de connaître Jésus : « Avec l'intelligence, avec le catéchisme, avec la prière et en le suivant ». « Celui d'entre nous, a poursuivi le Pape dans son explication, qui, dans sa prière en regardant le tabernacle, dit au Seigneur : "tu es le Christ, le Fils du Dieu vivant", doit savoir deux choses. La première est qu'il ne peut pas le dire tout seul : ce doit être l'Esprit saint qui le dit en lui. » La deuxième chose est qu'il doit se préparer « car il te répondra ». Ce qui manque pour être véritablement chrétien est « l'onction de la croix, l'onction de l'humiliation ». Lui s'humilia lui-même jusqu'à la mort et à la mort en croix. Telle est le mètre de comparaison, la vérification de notre réalité chrétienne. Suis-je un chrétien de la culture du bien-être ou suis-je un chrétien qui accompagne le Seigneur jusqu'à la croix ? « Pour comprendre si nous sommes ceux qui accompagnent Jésus jusqu'à la croix, le juste signal est la capacité de supporter les humiliations. Le chrétien qui n'est pas d'accord avec ce programme du Seigneur est un chrétien à mi-chemin : un tiède. Il est bon, il fait de bonnes choses, mais il continue à ne pas supporter les humiliations et à se demander : "pourquoi à celui-ci oui et à moi non ?" L'humiliation je ne la veux pas. Et pourquoi arrive-t-il cela et pas à moi ? Et pourquoi font-ils celui-ci monseigneur et pas moi ?

Pensons à Jacques et Jean quand ils demandaient au Seigneur la faveur des honneurs. Vous ne savez pas, vous ne comprenez rien, leur dit le Seigneur. Le choix est clair : le Fils de l'homme doit beaucoup souffrir, être refusé par les anciens, par les chefs des prêtres et par les scribes, être tué et ressusciter le troisième jour. Mais nous tous ? Nous voulons tous ressusciter le troisième jour. Cela est bon, cela est bon, nous devons vouloir cela. Mais tous ne sont pas disposés à atteindre cet objectif, à suivre cette route, la route de Jésus : ils considèrent que c'est un scandale si on leur fait quelque chose qu'ils voient comme un tort et ils s'en plaignent. Donc, le signe pour comprendre si un chrétien est vraiment un chrétien est sa capacité à porter avec joie et patience les humiliations. C'est une chose qui ne plaît pas, et pourtant, il y a tant de chrétiens qui, en regardant le Seigneur, demandent des humiliations, pour lui ressembler davantage. »

Samedi 28 septembre 2013

La peur de la Croix

La croix fait peur. Mais suivre Jésus signifie inévitablement accepter la croix qui se trouve devant chaque chrétien. Et nous devons demander à la Vierge — qui sait, pour l'avoir expérimenté, comment l'on est à côté de la croix — la grâce de ne pas fuir devant elle, même si nous en avons peur. Telle est la réflexion proposée par le pape François le 28 septembre. Commentant le passage liturgique de Luc (9,43-45), le Saint-Père a rappelé qu'au temps du récit de l'évangéliste, « Jésus était engagé dans de nombreuses activités et tous étaient en admiration devant les choses qu'il faisait. Il était le leader du moment. Tous en Judée, en Galilée, en Samarie, parlaient de lui. Et Jésus, peut-être au moment où les disciples se réjouissaient de cela, leur dit : "Mettez-vous bien en tête ce que je vous dis là : le Fils de l'homme va être livré aux mains des hommes". Au moment du triomphe, Jésus annonce d'une certaine manière sa Passion. Toutefois, les disciples étaient tellement pris par le climat de fête qu'ils ne comprirent pas ces paroles ; elles restaient tellement mystérieuses pour eux qu'ils n'en comprenaient pas le sens. Et ils ne demandèrent pas d'explications. L'Évangile dit : "Ils avaient peur de l'interroger sur cela". Il valait donc mieux ne pas en parler. Il valait mieux ne pas comprendre la vérité. Ils avaient peur de la croix.

En vérité, même Jésus en avait peur ; mais lui ne pouvait se tromper lui-même. Lui savait. Et sa peur était si grande, que le soir du Jeudi saint, il transpira du sang. Il a même demandé à Dieu : "Père, éloigne de moi cette coupe" ; mais il a ajouté, "que ta volonté soit faite". Et c'est la différence. La croix fait peur. C'est ce qui arrive lorsque l'on s'engage dans le témoignage de l'Évangile, à la suite de Jésus. Nous sommes tous contents, mais nous ne nous demandons rien d'autre, nous ne parlons pas de la croix. Et pourtant, comme il existe la règle selon laquelle le disciple n'est pas plus grand que le maître — une règle, que l'on doit respecter, — il existe aussi la règle selon laquelle il n'y a pas de rédemption sans l'effusion du sang. Et il n'y a pas de travail apostolique fécond sans la croix. Chacun de nous peut peut-être penser : et que m'arrivera-t-il à moi ? Comment sera ma croix ? Nous ne le savons pas, mais elle existe et nous devons demander la grâce de ne pas fuir la croix lorsqu'elle arrivera. Bien sûr, elle nous fait peur, mais la *sequela* de Jésus se termine précisément là. Les paroles de Jésus à Pierre me reviennent en mémoire : "M'aimes-tu ? Pais mes brebis... M'aimes-tu ? Pais mes brebis... M'aimes-tu ? Pais mes brebis..." » (*Jn* 21,15-19). Et les dernières paroles étaient les mêmes : tu étendras tes mains, et un autre te ceindra, et te mènera où tu ne voudras pas. C'était l'annonce de la croix. C'est précisément pour cela que les disciples avaient peur de l'interroger. Tout près de Jésus en croix se trouvait sa mère. Peut-être aujourd'hui, jour où nous prions pour elle, il serait bon de lui demander la grâce non pas de nous ôter la peur, parce que celle-ci doit être présente, mais de lui demander la grâce de ne pas fuir la croix. Elle était là et elle sait comment se comporter près de la croix. »

Lundi 30 septembre 2013

L'air de l'Église

Paix et joie : « Tel est l'air de l'Église ». En commentant les lectures de la messe, le pape François s'est arrêté sur l'atmosphère que l'on respire quand l'Église sait saisir la présence constante du Seigneur. Une atmosphère de paix, justement, où règne la joie du Seigneur. Les épisodes de référence sont ceux tirés du livre de Zaccharie (8,1-8) — avec la prophétie des places de Jérusalem qui se remplissent de vieillards appuyés sur leur canne, pour manifester la valeur de leur longévité, à côté des jeunes qui jouent heureux, pour montrer la joie du peuple de Dieu — et du passage de l'Évangile de Luc (9,46-50) qui raconte la dispute née entre les apôtres pour savoir qui était le plus grand d'entre eux. Dans les deux passages, le Pape voit une sorte de discussion, ou mieux, un échange d'opinions sur l'organisation de l'Église. Mais il a rappelé, « le Seigneur aime surprendre » et ainsi « il déplace le centre de la discussion » : il prend un enfant à côté de lui et dit : « Qui accueillera cet enfant en mon nom m'accueille. Qui en effet est le plus petit d'entre vous, celui-ci est grand ». Et les disciples ne comprenaient pas. « Ceux que nous laissons de côté quand nous pensons à un programme d'organisation seront le signe de la présence de Dieu : les personnes âgées et les enfants. Les personnes âgées parce qu'elles portent en elles la sagesse, la sagesse de leur vie, la sagesse de la tradition, la sagesse de l'histoire, la sagesse de la loi de Dieu ; et les enfants parce qu'ils sont aussi la force, l'avenir, ceux qui feront aller de l'avant par leur force et par leur vie, l'avenir ».

L'avenir d'un peuple, a répété le pape François, « est précisément là et là, chez les vieillards et les enfants. Et un peuple qui ne prend pas soin de ses personnes âgées et de ses enfants n'a pas d'avenir, parce qu'il n'aura pas de mémoire et il n'aura pas de promesse. Les personnes âgées et les enfants sont l'avenir d'un peuple. Le prophète nous parle de la vitalité de l'Église. Mais il ne nous dit pas : mais je serai avec vous et toutes les semaines vous aurez un document pour penser ;

tous les mois nous ferons une réunion pour planifier. Tout cela est nécessaire mais ce n'est pas le signe de la présence de Dieu. Ce signe nous est signifié par le Seigneur : “De vieux hommes et des vieilles femmes s'assiéront encore sur les places de Jérusalem, chacun avec une canne à la main du fait de leur longévité. Les places de la ville fourmilleront de petits garçons et de petites filles qui joueront sur les places”. Le jeu nous fait penser à la joie. C'est la joie du Seigneur. Et ces personnes âgées assises avec la canne à la main, nous font penser à la paix. Paix et joie, c'est cela l'air de l'Église. »

Mardi 1er octobre 2013

L'humilité et la force de l'Évangile

« Aujourd'hui, au Vatican, commence la réunion des cardinaux consulteurs qui concélèbrent déjà la messe : demandons au Seigneur que notre travail d'aujourd'hui nous rende tous plus humbles, plus doux, plus patients, plus confiants en Dieu. Pour que l'Église puisse ainsi donner un beau témoignage aux personnes. Et qu'en voyant le peuple de Dieu, en voyant l'Église, elles aient envie de venir avec nous. » Ce sont les paroles du pape François, en conclusion de l'homélie de la messe célébrée le 1er octobre. En ce jour de la fête de Sainte-Thérèse de l'Enfant-Jésus, patronne des missions, le Pape a rappelé son témoignage de foi et d'humilité. Le pape François a commenté le passage évangélique de Luc (9,51-56) : « Jésus réprimande ces deux apôtres, Jacques et Jean, parce qu'ils voulaient que le feu du ciel descende au-dessus de ceux qui n'avaient pas voulu le recevoir dans un village de Samaritains. Peut-être dans leur imagination y avait-il l'archétype du feu qui est descendu sur Sodome et Gomorrhe et qui a tout détruit. Les deux apôtres, sentaient que fermer la porte à Jésus était une grande offense : ces personnes devaient être punies. Mais le Seigneur se retourna et les réprimanda : cela n'est pas notre esprit. En effet, le Seigneur va toujours de l'avant, il nous fait connaître quelle est la route du chrétien. Ce n'est pas, dans ce cas, la route de la vengeance. L'esprit chrétien est une autre chose, dit le Seigneur. C'est l'esprit qu'il nous fait voir au moment le plus fort de sa vie, dans la passion : un esprit d'humilité, un esprit de douceur. Et aujourd'hui, en la fête de Sainte-Thérèse de l'Enfant-Jésus cela nous fera du bien de penser à cet esprit d'humilité, de tendresse, de bonté. Cet esprit doux propre au Seigneur, qu'il désire pour nous tous. Où est la force qui nous apporte cet esprit ? Précisément dans l'amour, dans la charité, dans la conscience que nous sommes entre les mains du Père. Comme nous le lisions au début de la Messe : le Seigneur nous porte, il nous élève vers le haut, il nous fait aller de l'avant, il est avec nous, il nous guide. »

Le Pape est ensuite revenu à la première lecture de la célébration, tirée du livre de Zacharie (8,20-23). « En ces jours-là, dix hommes de toutes les langues des nations saisiront un Juif par le pan de son vêtement en disant : "Nous voulons aller avec vous, car nous avons appris que Dieu est avec vous". L'Église, nous disait Benoît XVI, se développe par attraction, par témoignage. Et quand les gens, les peuples voient ce témoignage d'humilité, de douceur, de mansuétude, ils ressentent le besoin dont parle le prophète Zacharie : "nous voulons venir avec vous !". Les gens ressentent ce besoin devant le témoignage de la charité. C'est cette charité publique sans violence, sans arrogance, humble, qui adore et qui sert. La charité est simple : adorer Dieu et servir les autres. Ce témoignage fait grandir l'Église. C'est précisément pour cela que sainte Thérèse de l'Enfant-Jésus, si humble, mais si confiante en Dieu, a été nommée patronne des missions, pour que son exemple fasse que les gens disent : nous voulons venir avec vous. »

Jeudi 3 octobre 2013

La joie de la mémoire chrétienne

Quand le chrétien transforme la mémoire de l'histoire du salut accomplie par Jésus en simple souvenir, il perd de vue la valeur de l'un des principes fondamentaux de la foi chrétienne : la mémoire qui se fait joie. Et ainsi, il vit l'Eucharistie, c'est-à-dire la mémoire qui fait l'Église, comme un événement social qui ennuie. C'est ce qu'a dit le pape François en commentant la première lecture de la messe du 3 octobre. Dans la lecture, tirée du livre de Néhémie (8,1-4, 5-6, 7-12), est raconté l'épisode de la redécouverte du livre de la loi qui avait été égaré et qu'Esdras lit devant le peuple de Dieu. Celui-ci « était ému pour cette raison et pleurait. Il pleurait de joie, il pleurait d'amour », car ce livre égaré avait été retrouvé. Cela signifie que « le peuple de Dieu avait la mémoire de la Loi ». Mais « c'était une mémoire lointaine ». Nous avons tous la mémoire du salut, mais « cette mémoire est-elle proche de nous ? Ou est-ce une mémoire un peu lointaine, un peu estompée, un peu archaïque, un peu de musée ? ». Quand la mémoire n'est pas proche, quand nous ne faisons plus l'expérience de la mémoire, peu à peu celle-ci se transforme en « un simple souvenir. C'est pourquoi Moïse disait au peuple : chaque année allez au temple, chaque année présentez les fruits de la terre, mais chaque année rappelez-vous d'où vous êtes sortis, comment vous avez été sauvés ». Quand la mémoire s'approche, a répété le Pape, « elle fait deux choses : elle réchauffe le cœur et nous donne la joie. En revanche, la mémoire apprivoisée, qui s'éloigne et devient un simple souvenir, ne réchauffe pas le cœur, elle ne nous donne pas de joie et ne nous donne pas de force. La rencontre avec la mémoire est un événement de salut, une rencontre avec l'amour de Dieu qui a fait l'histoire avec nous et nous a sauvés. Cela est si beau d'être sauvés, qu'il faut le fêter. Quand Dieu vient, s'approche, il y a toujours une fête. Mais pourtant, très souvent, nous, chrétiens, avons peur de la fête et souvent, la vie nous conduit à nous éloigner de notre mémoire ; elle ne nous conduis qu'à garder le souvenir du salut, non la mémoire qui est vivante. L'Église fait sa mémoire, celle que nous ferons à présent, la mémoire de la passion du Seigneur. Le Seigneur lui-même nous a dit : “faites cela en mémoire de moi”. Mais il nous arrive à nous aussi d'éloigner cette mémoire et de la transformer en un souvenir, un événement habituel. Chaque semaine nous allons à l'Église, ou si une connaissance meurt nous allons à son enterrement. Et tant de fois cette mémoire nous ennuie, parce qu'elle n'est pas proche. Cela est triste : très souvent la Messe se transforme en un événement social. Demandons au Seigneur la grâce d'avoir toujours sa mémoire près de nous. Une mémoire proche et non apprivoisée par l'habitude, par tant de choses, et éloignée comme un simple souvenir. »

Lundi 7 octobre 2013

Fuir Dieu

Pour entendre la voix de Dieu dans sa vie, il faut avoir un cœur ouvert aux surprises. Autrement, le risque est de « fuir Dieu », en inventant parfois même une bonne excuse. Il peut arriver ainsi que, précisément, les chrétiens aient la tentation de fuir Dieu et que les personnes « éloignées » réussissent en revanche à l'écouter. C'est ce qu'a dit le Pape lors de la messe du 7 octobre. L'Évêque de Rome, a pris comme exemple l'histoire de Jonas, pour commenter la première lecture (1,1-2, 1.11) : il « avait toute sa vie bien établie : il servait le Seigneur, peut-être priait-il tant. C'était un prophète, il était bon, il faisait du bien ». Étant donné qu'« il ne voulait pas être dérangé dans la méthode de vie qu'il avait choisie, au moment où il a entendu la parole de Dieu, il a commencé à fuir. Et il fuyait Dieu ». Ainsi, lorsque « le

Seigneur l'envoie à Ninive, il prend le bateau pour l'Espagne. Il fuyait le Seigneur ».

En fin de compte, Jonas avait déjà écrit sa propre histoire : « Je veux être comme ceci, comme cela, selon les commandements ». Il ne voulait pas être dérangé. Voilà la raison de sa « fuite de Dieu ». Et si « on peut fuir directement, a-t-il poursuivi, il y a d'autres manières de fuir Dieu, un peu plus élégantes, un peu plus sophistiquées ». Il fait référence au passage évangélique de Luc (10,25-37) qui raconte l'histoire de « cet homme, à demi mort, allongé sur le bord de la route. Par hasard, un prêtre descendait cette même route. Un prêtre digne, avec la soutane : bien, très bien. Il l'a vu et l'a regardé : j'arriverai en retard pour la messe, et il a passé son chemin. Il n'avait pas entendu la voix de Dieu, là. Il s'agit, d'une façon différente de fuir : non pas comme Jonas qui fuyait clairement. Puis, passa un lévite et peut-être a-t-il pensé : Mais si je l'emmène, ou si je m'approche, peut-être est-il mort, et demain je devrai aller chez le juge et apporter mon témoignage. Et il passa outre. Il fuyait cette voix de Dieu chez cet homme. En revanche, il est curieux que celui qui a la capacité de comprendre la voix de Dieu soit uniquement un homme qui habituellement fuyait Dieu, un pécheur. En effet, celui qui entend la voix de Dieu et s'approche de l'homme qui a besoin d'aide est un samaritain, un pécheur, éloigné de Dieu. Un homme, qui n'était pas habitué aux pratiques religieuses, à la vie morale. Il était théologiquement dans l'erreur parce que les Samaritains croyaient que Dieu devait être adoré ailleurs, et pas à Jérusalem. Mais précisément, cette personne a compris que Dieu l'appelait ; et il n'a pas fui. Je me demande et je vous demande à vous aussi : laissons-nous Dieu écrire notre vie ou voulons-nous l'écrire nous-même ? Et cela nous parle de la docilité : sommes-nous dociles à la parole de Dieu ? Oui, je veux être docile. Mais as-tu la capacité de l'écouter, de l'entendre ? As-tu la capacité de trouver la parole de Dieu dans l'histoire de chaque jour ou tes idées sont-elles ce qui te soutient et tu ne laisses pas la surprise du Seigneur te parler ? Je suis certain que nous tous, aujourd'hui, en ce moment, nous nous disons : mais ce Jonas, il l'a bien cherché, et ces deux-là, le prêtre et le lévite, sont des égoïstes. C'est vrai : le samaritain, le pécheur, n'a pas fui Dieu !. D'où le souhait que le Seigneur nous accorde d'entendre sa voix qui nous dit : Vas et toi aussi, fais de même. »

Mardi 8 octobre 2013

Celui qui choisit la meilleure part

Prier signifie ouvrir la porte au Seigneur afin qu'il puisse faire quelque chose pour arranger nos affaires. Le prêtre qui accomplit son devoir, mais qui n'ouvre pas la porte au Seigneur, risque de ne devenir qu'un « professionnel ». Le pape François, lors de la messe, s'est arrêté sur la valeur de la prière : pas celle dite « par cœur », mais celle « dite avec le cœur », qui conduit « à regarder le Seigneur, à écouter le Seigneur, à demander au Seigneur ». La réflexion s'est développée à partir de la lecture de la liturgie, tirée du livre de Jonas (3,1-10) et de l'Évangile de Luc (10,38-42). Le Pape, en faisant en particulier référence au passage évangélique, a proposé comme modèle à suivre l'attitude de Marie, l'une des deux femmes qui avaient accueilli Jésus dans leur maison. En effet, Marie s'arrête pour écouter et regarder le Seigneur, alors que Marthe, sa sœur, continue à vaquer aux affaires de la maison. « La parole du Seigneur est claire : Marie a choisi la meilleure part, celle de la prière, celle de la contemplation de Jésus. Aux yeux de sa sœur cela signifiait perdre du temps. Marie s'arrête pour regarder le Seigneur comme une petite fille émerveillée, au lieu de travailler comme elle le faisait. L'attitude de Marie est la bonne, car elle écoutait le Seigneur et priait avec son cœur. Voilà ce que veut nous dire le Seigneur. La première tâche dans la vie est celle-ci : la prière. Pas la prière avec des mots, comme des perroquets, mais la prière du cœur, à travers laquelle il est possible de regarder le Seigneur, d'écouter le Seigneur, de demander au Seigneur. Et nous savons que la prière fait des miracles. C'est la même chose que nous enseigne l'épisode raconté dans le livre de Jonas : un têtu, car il ne voulait pas faire ce que le Seigneur lui demandait. Ce n'est qu'une fois que le Seigneur l'eût sauvé du ventre d'une baleine, que Jonas se décida : “Seigneur, je ferai ce que tu dis”. Et il alla dans les rues de Ninive en annonçant sa prophétie : la ville aurait été détruite par Dieu si les citoyens n'avaient pas amélioré leur manière de vivre. Jonas était un prophète "professionnel" et il disait : encore quarante jours et Ninive sera détruite. Il le disait sérieusement, avec force. Et les habitants de Ninive ont pris peur et ont commencé à prier avec les mots, avec le cœur, avec le corps. La prière a accompli le miracle. » En conclusion, le pape François a exhorté à penser à Marie, la sœur de Marthe. « Elle a choisi la meilleure part et nous montre la route, comment on ouvre la porte au Seigneur, au roi de Ninive qui n'était pas un saint, à tout le peuple. Ils faisaient de mauvaises choses. Mais quand ils ont prié, jeûné et ont ouvert la porte au Seigneur, le Seigneur a accompli le miracle du pardon. Et pensons à Jonas qui ne priait pas, qui fuyait Dieu depuis toujours. Il prophétisait, il était peut-être un bon "professionnel", nous pouvons dire aujourd'hui un bon prêtre qui accomplissait ses devoirs, mais il n'ouvrait jamais la porte au Seigneur avec la prière. Demandons au Seigneur qu'il nous aide à choisir la meilleure part. »

Jeudi 10 octobre 2013

Le courage de la prière

Notre prière doit être courageuse, pas tiède, si nous voulons non seulement obtenir les grâces nécessaires, mais surtout, à travers elle, connaître le Seigneur. Si nous le demandons, ce sera lui-même qui nous donnera sa grâce. Le 10 octobre, le pape François a de nouveau parlé de la force et du courage de la prière. C'est à la nécessité de prier, avec insistance si nécessaire, mais toujours en se laissant impliquer par celle-ci, qu'invite le passage liturgique de l'Évangile de Luc (11,5-13), « avec la parabole de l'ami envahissant, de l'ami importun », qui en pleine nuit va demander à un autre ami du pain pour donner à manger à une personne de sa connaissance qui vient d'arriver chez lui et à laquelle il n'avait rien à offrir. « Avec cette demande son ami doit se lever de son lit la nuit et lui donner du pain. Et Jésus nous parle de cela à une autre occasion : dans la parabole de la veuve qui allait chez le juge corrompu, qui ne l'écoutait pas, qui ne voulait pas l'écouter ; mais elle était si importune, elle l'agaçait tant, qu'à la fin, pour l'éloigner de manière à ce qu'elle ne l'importune plus trop, il a rendu justice : ce qu'elle demandait. Cela nous fait penser à notre prière. Comment prions-nous ? Prions-nous par habitude, pieusement, mais tranquillement, ou nous mettons-nous avec courage devant le Seigneur pour demander la grâce, pour demander ce pour quoi nous prions ? L'attitude est importante car une prière qui n'est pas courageuse n'est pas une véritable prière. Quand on prie il faut le courage d'avoir confiance dans le fait que le Seigneur nous écoute, le courage de frapper à sa porte. Le Seigneur le dit, car quiconque demande reçoit, et qui cherche trouve, et il sera ouvert à celui qui frappe. Mais, notre prière est-elle ainsi ? Ou bien nous limitons-nous à dire : "Seigneur j'ai besoin, fais-moi la grâce" ? En un mot, nous laissons-nous impliquer dans la prière ? Savons-nous frapper à la porte du cœur de Dieu ? Jésus nous dit : “Quel père parmi vous donnerait un serpent à son fils qui lui demande un poisson ? Ou un scorpion quand il demande un œuf ?” Si vous êtes des pères, vous donnerez le bien à vos enfants. Si donc vous qui êtes mauvais, vous savez donner de bonnes choses à vos enfants, combien plus le Père céleste... Et nous nous attendons qu'Il poursuive en disant qu'il vous donnera de bonnes choses. Mais non, il ne dit pas cela ! Il donnera l'Esprit saint à ceux qui le demandent. Et ce sera une grande chose ». C'est pourquoi quand nous prions courageusement, le Seigneur, non seulement nous donne la grâce, mais il se donne aussi lui-même à nous dans la grâce. Car le Seigneur ne donne jamais ou n'envoie jamais une grâce par la poste : c'est lui qui l'apporte, c'est lui qui est la grâce ! Aujourd'hui, dans la prière, dans la collecte, nous avons dit au Seigneur de nous donner également ce que la prière n'ose pas demander. Et qu'est-ce que nous n'osons pas demander ? Lui-même ! Nous demandons la grâce, mais nous n'osons pas dire : viens toi-même me l'apporter. Nous savons toujours que c'est lui qui apporte la grâce : c'est lui qui vient et qui nous la donne. Ne donnons pas la mauvaise impression de prendre la grâce et de ne pas reconnaître que celui qui nous l'apporte, celui qui nous la donne, est le Seigneur. »

Vendredi 11 octobre 2013

Comment vaincre la stratégie du démon

« S'il vous plaît, ne faisons pas des affaires avec le démon » et prenons au sérieux les dangers qui dérivent de sa présence dans le monde. C'est ce qu'a recommandé le pape François dans l'homélie du 11 octobre. « La présence du démon est dans la première page de la Bible et la Bible se termine aussi avec la présence du démon, avec la victoire de Dieu sur le démon ». Mais celui-ci, a-t-il averti, revient toujours avec ses tentations. Et c'est nous qui « ne devons pas être naïfs ». Le Pape a commenté l'épisode dans lequel Luc (11,15-26) raconte que Jésus chasse les démons. L'évangéliste rapporte également les commentaires de ceux qui y assistent perplexes et accusent Jésus de magie ou, tout au plus, le reconnaissent comme un guérisseur de personnes frappées par l'épilepsie. Aujourd'hui aussi, « il y a des prêtres qui, lorsqu'ils lisent ce passage et d'autres passages de l'Évangile, disent : Jésus a guéri une personne d'une maladie psychique. Assurément, il est vrai qu'à cette époque, on pouvait confondre l'épilepsie avec la possession du démon. Mais nous, nous n'avons pas le droit de rendre la chose si simple, en la liquidant comme s'il s'agissait de malades psychiques et non de possessions démoniaques. »

En revenant à l'Évangile, le Pape a noté que Jésus n'offre aucun critère pour comprendre cette présence et réagir. « Comment suivre notre route chrétienne quand les tentations se présentent ? Quand le diable entre pour nous déranger ? » s'est-il demandé. Le premier des critères suggérés par le passage évangélique « est que l'on ne peut pas obtenir la victoire de Jésus sur le mal, sur le diable, à moitié ». On ne peut pas continuer à croire qu'il s'agit d'une exagération : « Ou tu es avec Jésus ou tu es contre Jésus. Et sur ce point il n'y a pas de nuances. Il existe une lutte, une lutte dans laquelle est en jeu notre salut éternel à tous ». Et il n'existe pas d'alternative, même si quelquefois nous entendons « certaines propositions pastorales » qui semblent plus accommodantes. « Non ! Ou tu es avec Jésus ou tu es contre. Il en est ainsi. Et c'est l'un des critères. » Le dernier critère est celui de la vigilance. « Nous devons toujours veiller, veiller contre la tromperie, contre la séduction du malin. Quand un homme fort et bien armé monte la garde de son palais, ce qu'il possède est en sécurité. Et nous pouvons nous poser la question : est-ce que je veille sur moi ? Sur mon cœur ? Sur mes sentiments ? Sur mes pensées ? Est-ce que je protège le trésor de la grâce ? Est-ce que je protège la présence de l'Esprit saint en moi ? Si on ne le conserve pas, quelqu'un de plus fort arrive, gagne, lui arrache les armes sur lesquelles il comptait et en partage le butin. Tels sont donc les critères pour répondre aux défis lancés par la présence du diable dans le monde : la certitude que Jésus lutte contre le diable ; qui n'est pas avec Jésus est contre Jésus ; et la vigilance. Il faut garder à l'esprit, que le démon est astucieux : il n'est jamais chassé pour toujours, il ne le sera que le dernier jour. Demandons au Seigneur la grâce de prendre ces choses au sérieux. Lui est venu lutter pour notre salut, lui a vaincu le démon. »

Lundi 14 octobre 2013

Le syndrome de Jonas

Il existe une grave maladie qui menace aujourd'hui les chrétiens : le « syndrome de Jonas », celui qui fait que l'on se sent parfaits et propres comme sortis d'une teinturerie, contrairement à ceux que nous jugeons pécheurs et donc condamnés à se débrouiller seuls, sans notre aide. Jésus rappelle en revanche que pour nous sauver, il est nécessaire de suivre « le signe de Jonas », c'est-à-dire la miséricorde du Seigneur. Telle est en substance le sens de la réflexion proposée par le pape François le 14 octobre. En commentant les lectures de la liturgie, tirées de la lettre de saint Paul aux Romains (1,1-7) et de l'Évangile de Luc (11,29-32), le Pape a précisément commencé par cette « parole forte » avec laquelle Jésus apostrophe un groupe de personnes en les appelant « mauvaise génération ». C'est « un groupe de mots qui semble presque une insulte : cette génération est une mauvaise génération ». C'est très fort ! Jésus est si bon, si humble, si doux, mais il dit cela. Toutefois, il ne se référait certainement pas aux personnes qui le suivaient ; il se référait plutôt aux docteurs de la loi, à ceux qui cherchaient à le mettre à l'épreuve, à le faire tomber dans un piège. Il s'agissait de personnes qui demandaient toutes des signes, des preuves. Et Jésus répond que l'unique signe qui leur sera donné sera « le signe de Jonas ». Mais quel est le signe de Jonas ? « La semaine dernière, la liturgie nous a fait réfléchir sur Jonas. Dieu dit à Jonas : pauvres gens, ils ne distinguent pas leur droite de leur gauche, ce sont des ignorants, des pécheurs. Mais Jonas continue à insister : ils veulent justice ! Moi, j'observe tous les commandements ; qu'ils s'arrangent. Voilà le syndrome de Jonas, qui frappe ceux qui n'ont pas de zèle pour la conversion des personnes, qui recherchent une sainteté — permettez-moi l'expression — de teinturerie, c'est-à-dire toute belle, très bien faite, mais sans le zèle qui nous conduit à prêcher le Seigneur. » Le Pape a rappelé que le

Seigneur « devant cette génération, malade du syndrome de Jonas, promet le signe de Jonas ». Et il a ajouté : « Dans l'autre version, celle de Matthieu, il est dit : mais Jonas est resté dans la baleine trois jours et trois nuits… Il est fait référence à Jésus dans le sépulcre, à sa mort et à sa résurrection. Et cela est le signe que Jésus promet : contre l'hypocrisie, contre cette attitude de religiosité parfaite, contre cette attitude d'un groupe de pharisiens. » Le signe que Jésus promet « est son pardon à travers sa mort et sa résurrection. Le signe que Jésus promet est sa miséricorde, celle que Dieu demandait déjà depuis longtemps : je veux la miséricorde et non des sacrifices ». « Le véritable signe de Jonas est celui qui nous donne la confiance d'être sauvés par le sang du Christ. Il y a de très nombreux chrétiens qui pensent être sauvés uniquement en raison de ce qu'ils font, de leurs œuvres. Les œuvres sont nécessaires mais elles sont une conséquence, une réponse à cet amour miséricordieux qui nous sauve. Les œuvres seules, sans cet amour miséricordieux, ne sont pas suffisantes. Le syndrome de Jonas frappe ceux qui n'ont confiance que dans leur justice personnelle, dans leurs œuvres. »

Table des matières

Achevé d'imprimer
en Italie par Grafica Veneta en décembre 2013
Dépôt légal : décembre 2013